역사학 1교시, 사실과 해석

금요일엔
역사책

8

역사학 1교시,
사실과 해석

·

오항녕 지음

한국역사연구회
역사선

푸른역사

서문

모든 한 사람 한 사람의 인간이
역사의 결실이라고 할 수 있다.
－J. G. 드로이젠

인간 자체가 역사다. '역사－인간', '호모 히스토리쿠스'.
 "출생 순간부터 역사학의 경험적 연구에 속하는 저 거대한 연속
성의 헤아릴 수 없는 많은 요소가 인간에게 작용한다. 의식하지 못
하는 가운데 부모의 정신적·신체적 배려를 받고, 기후와 지역 풍
경과 민속 환경으로부터 수많은 영향을 받는다."
 그러고도 부족하여 문단을 바꾸어 덧붙였다.
 "사람은 전적으로 이미 형성된 상황, 예를 들면 자기 민족과 언
어, 종교, 국가 그리고 *그*가 파악하고 사고하며 말하게 되는 이미

만들어진 삶의 차원과 기호체계, 또는 염원과 행위와 형성 작업의 기반인 이미 발전해온 모든 관념과 견해의 역사적 조건 속에서 태어났다. 이렇게 새로이 진입해온 미경험자인 그는 그렇게 이미 확보된 것을, 무한한 것을 배우면서 수용하고 자신 속으로 새로이 종합하고 그리하여 자신의 가장 내면적이고 고유한 본질이 자기 주위의 역사적으로 형성된 바와 그렇게 융합되어 자신의 고유한 자아를 세운다."[*]

하위징아는 드로이젠의 이 말을 "역사의 대상은 인간 사회 그 자체의 대상이다. 즉 사건, 상황, 관련성이다"라고 달리 표현했다.[**] 나는 하위징아와 드로이젠의 말이 '인간 자체가 역사다'로 압축될 수 있다고 생각한다. 그리고 '거대한', '헤아릴 수 없는 많은', '모든', '수많은', '무한한' 등의 표현에서 솔직하게 드러난 드로이젠의 곤혹감을 느끼며 외람되게도 빙긋이 웃었다. 이 곤혹감은 이 책 2장에서 다룰 것이다.

나는 이 책에서 '역사-인간'이 과거에 남긴 행동이나 이들에 의해 일어난 일, 그리고 그 흔적인 '사실'이란 무엇인지 묻고, 이어 그걸 역사학자는 어떻게 이해하고 설명하는가, 즉 '해석'을 다룰 것이다. 역사학은 사실과 해석, 이 둘에 대한 이야기가 처음이자 마지막이다.

---

[*] 요한 구스타프 드로이젠, 이상신 옮김, 《역사학*Historik*》, 나남, 2010, 60~61쪽. 이하 번역은 내가 조금 수정했다. 따라서 오류가 있다면 내 책임이다.

[**] 요한 하위징아, 이광주 옮김, 《역사의 매력》, 도서출판 길, 2013, 30~31쪽.

• [그림 1] 요한 구스타프 드로이젠
19세기 독일의 이론가이자 현실주의적 역사가.
"모든 한 사람 한 사람의 인간이 역사의 결실이라고 할 수 있다."

•• [그림 2] 요한 하위징아
'문화사의 대가'로 손꼽히는 네덜란드의 역사학자이자 문화학자.
"역사의 대상은 인간 사회 그 자체의 대상이다. 즉 사건, 상황, 관련성이다."

두 가지 기억

교육청에 회의하러 가다가 마침 역사 강좌가 진행 중이기에 궁금해서 강의실에 들어서려는 순간 강사의 목소리가 들렸다. "여러분, 역사는 해석입니다!" 난 바로 발길을 돌렸다.

다음, 중고등학생들에게 특강을 갈 때마다 빠지지 않는 질문이 있다. "역사에서 객관성이란 뭔가요?"

앞의 기억에선 공허함을, 뒤의 기억에선 과제를 얻었다. 이 글은 누군가에게서 받은 공허함을 메우고 학생들에게 얻은 과제에 답하기 위한 나름의 시도이다. 여전히 질문을 곱씹는 중에 나온 잠정적인 답변이다. 답을 얻은 듯한데 다시 달아나는 질문, 그래서 힘이 되는 질문의 되새김이다.

의외로 '역사는 해석'이라는 오해는 널리 퍼져 있다. 서로 다른 지점에서 자장磁場을 형성하면서 말이다. 그 오해와 자장의 어디에서 우리의 잘못된 만남이 시작되었는지 찾아보는 것이 이 책의 1장이다.

2장에서는 사실 자체의 성격을 묻는다. 사실이 그냥 사실이지 무슨 성격이 있느냐고 물을지도 모른다. 아니다. 역사학의 대상은 사실이다. 모든 학문은 대상이 있게 마련이고 입문 시간에 그 대상부터 정의한다. 물리학에서는 힘과 에너지를, 언어학에서는 언어를 정의한다. 역사학 개론에서 사실은 '실제로 일어난 일'이라고 설명하지만, 실은 사실이라는 한자어를 푼 동어반복일 뿐 그 말이 그 말이다. 사실의 성격에 대한 논의를 통해 사실은 구조+의지+우연의 세 요소로 이루어진 복합물이라는 점을 분명히 할 것이다.

이를 바탕으로 3장에서는 사실과 해석이 어떻게 만나는지 다루겠다. 해석은 사실과 내적·외적으로 연관성을 가지면서 역사를 만들어낸다. 내적 연관은 사실의 성격 자체에서 비롯된 해석의 내재성을 말한다. 외적 연관은 기록자, 연구자의 관심, 취향, 가치관, 지적 능력 등으로 인해 생기게 마련인 다양한 조망을 말한다.

4장에서는 사실 그리고 사실에 대한 설명이나 해설에서 나타날 수 있는 실수와 오류를 알아보겠다. 기억의 오류와 왜곡부터 읽기, 쓰기의 실수까지 사람의 역사 활동에는 흠이 생기게 마련이다. 그러나 주의를 기울인다면 분명 흠을 줄일 수 있을 것이다. 훈련을 통해 나아지지 못한다면 그건 학문이 아니다. 사실과 해석에 대한 연습도 예외가 아니다.

마지막 5장은 4장의 연장이다. 사실의 이해를 사료 비판의 차원에서 간략히 살피면서 역사 교과서의 사례를 통해 사실에서 사료로, 또 사료를 기초로 형성되는 '역사 인식', '역사성'이라는 주제를 검토하겠다.

2024년 2월
저자

차
례

01

'역사는 해석'일 뿐이다?

몇 년 전, 《신동아》에 연재하던 글이 어떤 포털 대문에 걸린 적이 있었다.[*] 딱딱한 역사 논설이 포털 대문에 걸리는 일이 흔치 않은데, 그때 주제가 '역사학은 경험의 학문'이었다. 댓글도 꽤 달렸다. 첫 번째 댓글은 이랬다. "그게 왜 질문이 안 돼, 시바!" 사정은 이러하다.

박지성 선수가 영국 프리미어 리그의 축구단인 맨체스터 유나이티드(이하 맨유)에서 퀸즈 파크 레인저스로 이적한 지 얼마 안 되었을 때쯤 연재 글을 썼다. 당시 맨유는 17승 1무 3패(승점 52점)로 리그 선두를 달리고 있었다. 그러나 영국의 대중지 《더 선》지는

---

[*] 오항녕, 〈역사기록, 그 진실과 왜곡 사이 ⑩ 판 페르시 없는 맨유? 비역사적이다!〉, 《신동아》 2013년 1월호.

"하지만 판 페르시 없는 맨유는 승률이 23.8퍼센트밖에 되지 않는다. 승점도 절반인 26점으로 뚝 떨어진다. 이는 11위 웨스트햄 유나이티드와 같은 승점이다"라고 보도했다. 판 페르시는 2014년 브라질 월드컵에서 환상적인 헤더를 선보인 탁월한 공격수였다. 그 선수가 없었다면 맨유는 중위권이라는 말이다. "작년 여름 아스날에서 판 페르시를 영입하지 않았다면 21라운드까지 5경기밖에 승리할 수 없었다"고 보도했다.

네티즌의 반론이 만만치 않았다. "멍청한 기사다. 판 페르시가 없었다면 다른 공격수가 넣었을 것", "다른 10명은 무시하는 건가?", "판 페르시가 없을 때도 맨유는 중위권으로 처진 적이 없다" 등등. 지극히 논리적이고 경험적인 타당성이 있는 반론이었다.

나는 《더 선》의 분석(?)을 역사학도의 입장에서 비판해보았다. 첫째, 판 페르시가 '없었다면' 나타날 수 있는 현상, 즉 예상 승률 23.8퍼센트는 우습게도 판 페르시가 경기장에서 '실제로 뛰는 상황'(17승 1무 3패 승률 80.9퍼센트)에서 판 페르시가 '없다고 치고' 뽑아낸 결론이다. 예상 승률의 전제가 당초 '비非-사실', '사실이 아니기' 때문에 《더 선》은 증명될 수 없는 근거를 가지고 추론을 한 셈이다. 그 연장에서 둘째, 네티즌의 주장에서 정확하게 드러났듯이 《더 선》의 기사는 판 페르시의 대체 선수가 할 수 있는 역할을 완전히 무시한 채 작성됐다는 점에서도 심각한 문제를 가지고 있었다.

그리고 역사학자로서 다음 설명을 덧붙였다. 종종 '임진왜란

[그림 3] 〈이순신 초상〉
'임진왜란 때 이순신 장군이 없었다면
조선이 어떻게 되었을까'라는 질문은
역사학적 질문이 아니다. '이순신 장군이 없었다면'은
발생하지 않은 가정이며, 따라서
역사학의 논제가 될 수 없기 때문이다.
* 소장처: 국립공주박물관.

[그림 4] 〈정왜기공도병〉
왜를 정벌한 공을 기념한 그림 병풍. 1598년(선조 31) 11월 19일 노량 앞바다에서
이순신이 이끄는 조선 수군이 일본 수군과 벌인 마지막 해전인 노량해전 등이 그려져 있다.
이순신은 이 전투에서 적의 유탄에 맞아 전사했다.
* 소장처: 국립중앙박물관.

때 이순신 장군이 없었다면 조선이 어떻게 되었을까' 하는 질문을 하는데 이는 역사학적 질문이 아니다. 왜? '이순신 장군이 없었다면'은 발생하지 않은 가정이며, 따라서 역사학의 논제가 될 수 없다. 그러므로 이순신 장군이 임진왜란 때 해전 승리에 '필수불가결한' 인물이었는지는 누구도 알 수 없다. 이순신 장군이 많은 해전에서 승리했다는 사실이 곧 '이순신 장군만이 해전에서 승리할 수 있었음'을 의미하는 것도 아니다. 추앙하는 마음에서 심정적으로 그렇게 주장할 수는 있어도, 그것이 경험적으로(역사적으로) 증명되는 일, 증명할 수 있는 일은 아니다 등등. 이게 앞서 소개한 바, 아마도 초등학생이 썼음직한 댓글을 받았던 이유이다. 내 말이 이순신 장군을 추앙하는 대중의 정서를 거슬렀는지는 몰라도, 역사학적으로 틀린 말은 아니다.

《더 선》지의 주장은 '발생하지 않는 가정에 근거한 질문의 오류'에 속한다. '나폴레옹이 미국으로 도망쳤다면', '임진왜란 때 조선이 망했다면' 등과 같은 질문이 여기에 속한다. 어떤 성찰이 가능할지 모르겠으나, 역사학적 질문과 논제는 될 수 없다. 역사는 사실이 기초이고, 역사학은 사실에서 출발한다. 일어난 사실로서의 역사든 탐구로서의 역사(학)든 어느 쪽이나 '사실'은 중요하다.

자, 이제 사실이 무엇인지 살펴보자. 먼저 몇 가지 장면을 소개한다. 이들은 각기 다른 주인공과 맥락을 가진 장면이다.

역사학 1교시, 사실과 해석 ──●

교회

여의도순복음교회 이영훈 목사는 어느 날 수요예배 광고 시간을 이용해, "소지만 하고 있으면 코로나 19 바이러스가 차단되고 심지어 바이러스를 죽인다는 카드를 전 교인들에게 나눠주겠다. 카드에서 3D 파장이 나와 이를 소지한 사람 가운데 단 한 명도 코로나에 걸린 적이 없고, 확진된 사람도 속히 치유가 됐다"고 발언했다.

이 목사는 또 "연세대 교수가 개발한 카드를 교회의 한 장로가 구입해 전 교인들에게 무상으로 제공하게 됐다"며 "카드 자체에 대해 의심하지 말라"는 취지의 말도 했다. 이 목사가 언급한 교수는 연세대 원주의과대학 소속으로, 해당 교수는 최근 발간된 자신의 책에서 '코로나 19 예방 카드'에 디지털 3D 파동이 코로나 19를 막을 수 있는 장을 만들어낸다고 주장했다.

실제 여의도순복음교회가 일부 교인들에게 배포한 카드에는 16개의 각자 격자무늬 타일 위에 'ANTI-COVID 19', 한자 '癒(병 나을 유)' 등의 글자가 쓰여 있었다.[*]

흑사병이나 콜레라가 광범위하게 유행하는 이른바 팬데믹 pandemic이 벌어지거나, 관동대지진 같은 재해가 생기면 유언비어

---

[*] 손동준, 〈교회 발 잇딴 가짜뉴스……코로나 확산 부추기나〉, 《아이굿뉴스》 2021년 2월 5일(http://www.igoodnews.net/news/articleView.html?idxno=65576). 검색일: 2021년 2월 6일.

[그림 5] 코로나 예방 카드

여의도순복음교회가 "소지만 하고 있으면 코로나 19 바이러스가 차단되고
심지어 바이러스를 죽인다"면서 성도들에게 나눠주었다.

[그림 6] 면죄부

교황 레오 10세의 이름으로 팔린 속유장(면죄부).
이탈리아의 성 베드로 대성당 건설비를 모은다는 명목으로 독일에서 팔려나갔다.
흑사병이나 콜레라가 광범위하게 유행하는 팬데믹이 벌어지면
각종 유언비어와 선동 등 '가짜뉴스Fake News'가 난무한다.

와 선동이 난무한다. 우리는 그걸 가짜뉴스Fake News라는 용어로
경험하고 있다.

이영훈 목사는 교회 목사라는 신뢰를 토대로 연세대 의대 교수
의 권위를 빌려 코로나로 생긴 공포를 공략했다. 이런 패턴은 태
극기 집회, 신천지 교회, IM선교학교 등에서 이어졌다. 그나마 다
행히 위 사건은 교회 측이 바로 사과하는 것으로 끝났다. 허나 우
리는 이런 류의 '목사 설교'가 이 사회에 횡행하고 있음을 잘 알
고 있다.

시민

국정 역사 교과서가 강행되던 2015년 어느 날 강원도 춘천의 한
음식점에서 있었던 일이다. 시민 3의 초대로 함께한 자리였다. 초
면이지만 소고기를 맛있게 먹으며 담소를 나누다가, 마침 그 자
리에 내가 끼어서였는지 시민들이 물었다.

시민 1: 근데 요즘 국사 교과서에 6·25를 남침이 아니라 북침
    이라고 썼다면서요?

나: 네? 처음 듣는데요? 어디서 보셨어요?

시민 2: 제가 좀 보수 쪽이라 ……. 언론에서 다 그렇게 얘기
    해요.

나: 어떤 언론이요?

시민 1, 2: 다 그래요.

나: 그러니까, 어떤 언론이요?

시민 2: 종편도 그렇고 신문도 ……

나: 6·25를 북침이라고 쓴 교과서는 없습니다. 북침인 것처
  럼 쓴 교과서도 없구요.

시민 1, 2: 에이, 아니라던데요?

나: 어떤 교과서가 그렇다던가요?

시민 2: 다요!

나: 어떤 교과서인지 알아야 맞다, 틀리다, 답을 하지요?

시민 2: 다 그렇대요!

나: 아닙니다. 저는 교과서를 다 검토한 적이 있습니다. 그리
  고 애초에 그럴 수가 없어요. 교과서는 교육부 지침에 따라
  쓰니까요. 6·25를 북침이라고 쓴 교과서를 출판하도록 놔
  두었다면 국사편찬위원회, 교육부부터 먼저 비판해야지요.

시민 1: 다 빨갱이가 쓴 거래요.

(그는 나의 말은 듣지 않는다. 얼마간 침묵이 흐른 뒤)

시민 3: 밥 드시지요.

이 대화에 앞서 시민 1, 2는 5·18광주민주화항쟁 때 북한군이
개입했다는 주장도 소개했다. 증거 없는 주장의 공허함이 우리를

감쌌다.*

한국사 교과서에 북침이라고 서술되었다는 건 사실이 아니라는 말을 받아들이지 않는 시민들이 나는 불편했고, 자신들의 견해를 증명받지 못했던 시민 1, 2도 불편해했다. 결국 그 자리는 오래가지 못했다. 자리를 마련한 시민 3은 못내 미안한 얼굴로 죄인처럼 앉아 있었다.

왜 이런 일이 생겼을까? 아주 성실하고 법 없이도 사는 시민들을 이상하게 만드는 논법 말이다. 초면의 예의도, 기초 사실에 대한 인정도 사라지게 만드는 마법 같은 소용돌이의 정체는 뭘까? 그날 저녁 시민들과 헤어진 뒤 나는 많은 생각으로 잠을 이룰 수 없었다. 처음에는 허탈하기도 하고 서글프기도 했다. 그러다가 조금 지나니까 문제가 선명해지기 시작했다. 그것은 패싸움 프레임이었다. 패싸움이 유효한 이유는 치부나 오류를 감추는 가장 좋은 방법이기 때문이다.

* '5·18 광주침투설'을 지어낸 탈북자 김명국이 "광주에 간 적이 없다"고 자백함으로써 공허함의 실체가 드러났다. 〈북한군 김명국 "5·18 광주침투설은 내가 지어낸 것"〉, 《JTBC 뉴스룸》 2021년 5월 6일.

학자들

그럼 전문가, 학자들은 어떨까? 몇 가지 발언을 살펴보자.

정확한 학문에는 약속이 있다. 해석도 그런 기본 논리 위에서
해야 한다. 역사에서 말하는 사실은 역사적으로 기술된 팩트
다. 1961년에 몇몇 군인이 한강을 건넜다는 것은 팩트다. 그
러나 그건 역사가 안 된다. 그들이 한강을 건너 쿠데타를 일
으켰다고 우리가 해석해야 비로소 역사다.[*]

위 인용문은 개념적 엄밀성과 정확성에 대한 감각을 놓치지 않
는 김용옥 선생의 언명이다. '중고등학교 역사 교과시'를 대신하
여 추진되던 역사 교과서의 국정화를 비판하는 내용이다. 나는
이 말에서 사실과 해석의 이분법 내지 단계론을 읽는다. '사실만
으로는 역사가 안 된다', '해석해야 비로소 역사다'라는 언명을
이분법으로 받아들인다는 말이다. 다행히 그는 어디선가 "역사는
사실에 대한 충실한 검증이 우선이라는 사실주의는 마땅히 존중
되어야 한다"고 하여 나를 안심시켰다.[**]

---

[*] 〈김용옥 교수 인터뷰〉, 《한국일보》 2015년 11월 16일. 검색일: 2015년 11월 16일.
[**] 나는 이 말을 노트에 메모했는데 출처를 적어놓지 않았다. 어떤 책인지 전거를
찾지 못했다.

1961년에 군인들이 한강을 건넌 것도 역사가 되고, 그걸 쿠데타라고 판단하는 것도 역사가 된다. 오히려 역사학의 비중은 앞에 있다. 왜냐하면 1961년에 몇몇 군인들이 한강을 건너지 않았으면 아예 쿠데타라는 말이 성립하지 않기 때문이다. 역사학의 경우 사실은 해석의 기초를 이루지만, 해석은 사실이 없으면 애당초 성립이 불가능하다. 그런데 이런 이분법적 오류, 역사학을 불구로 만들 수 있는 오류가 2010년대 전반 국정 역사 교과서 찬반 논의에서 의외로 많이 발견되었다.

2011년 10월 28일, 서울 서대문 4·19혁명기념도서관 강당에서 '보수와 진보가 보는 민주주의-한국의 자유민주주의 이론, 헌법, 역사'라는 토론회가 열렸다. 한국사 국정 교과서화 초기 단계였다. 발제를 맡은 박명림(연세대)은 "임시정부 이래 이승만 정부까지 어떤 헌법, 연설, 인터뷰에도 자유민주주의라는 개념은 없다"라고 말하며 구체적인 사료를 함께 제시했다.

토론을 맡았던 권희영(한국학중앙연구원)은 "역사학에서 사료가 말을 하는 것이 아니다. 역사는 해석이다. 이는 역사학의 기본이다. 그런데 박 교수는 사료에 나오지 않는다고 해서 자유민주주의가 없었다고 말하고 있다"라는 요지의 발언을 했다. 그랬더니 박수를 치는 사람도 있었다. 그의 말대로, "역사학에서는 사료가 말을 하는 것이 아니다. 역사는 해석이다"라고 주장할 수 있는 점이 있긴 하다. 그러나 "역사학은 사료가 없이는 말을 할 수가 없다", 이것이 더 역사학의 기본이다. 흥미롭지 않은가? 국정 역사 교과서에 대해 상반된 태도를 가진 김용옥 선생과 권희영의 언명이 역사학의 핵심에서는 닮은 점이 있다는 사실 말이다.

하나의 예를 더 보자. 역사학자 한영우는 이렇게 말했다.

> 김대중·노무현 정부 들어 역사 교과서 검인정 제도가 재도입되고, 근현대사 과목이 분리되면서 나온 게 금성사 교과서다. 내가 수구 보수는 분명 아닌데, 나같이 온건한 사람이 보더라도 지나치게 좌편향이었다. 그런데 그걸 비판하는 쪽에서 너무 나갔다. 그렇게 나온 게 교학사 교과서 아닌가. 여기나 저기나 균형감각을 잃은 건 같다. 이런 서술에서 무슨 역사적 교훈을 얻을 수 있겠나, 이런 위기의식에서 책을 펴냈다.[*]

그는 역사 교과서 논쟁을 우파와 좌파의 관점으로 설명하고 있다. 역사는 균형감각 이전에 사실의 문제이다. 만일 균형감각으로 접근하면 역사 안에 존재하는 정의와 불의, 슬픔과 기쁨, 안타까움, 평범함 등을 가늠할 잣대를 잃게 된다. 왜 굳이 교훈을 얻으려고 할까? 역사에는 교훈만 있는 것이 아니다. 이는 역사와 도덕의 혼동이다. 역사와 도덕을 혼동할 경우 전지적 역사학자 시점에 서게 되는 것은 피할 수 없다. 역사학자가 졸지에 "좌우 어느

---

[*] 〈한영우 인터뷰〉, 《경향신문》 2016년 2월 2일(인터넷판).

곳에도 치우치지 않는" 운운하는 초월적 존재가 되는 것이다.

이런 현상은 안타깝게도 '역사란 무엇인가'에 대한 견해로 가장 대중적인 인지도를 가지고 있는, 특히 한국 역사학자들에게 깊은 영향을 끼치고 있는 역사학자에게도 나타난다.

> 역사가는 필연적으로 선택을 하게 된다. 역사적 사실이라는 딱딱한 속알맹이가 객관적으로 그리고 역사가의 해석과는 독립하여 존재한다는 믿음은 어리석은 오류이지만, 그러나 뿌리 뽑기는 매우 어려운 오류이다.[*]

"역사는 과거와 현재의 대화"라는 말을 통해 역사에 관심 있는 사람들에게 매우 친숙한 에드워드 핼릿 카(1892~1982)의 말이다. 허나 나는 그가 말한 바, "역사적 사실이라는 딱딱한 속알맹이가 객관적으로 그리고 역사가의 해석과는 독립하여 존재한다는 믿음은 어리석은 오류"라는 주장에는 동의하기 어렵다.

지금 이 책을 읽은 독자들이 독후감을 쓰면 다 내용이 다를 것이지만, 이 책의 존재, 이 책을 쓰고 있는 나의 존재, 이 책을 사람들이 읽었다는 사실 등은 변치 않고 '역사가의 해석과 독립하여' 존재한다. 독자들의 독후감이 다르다는 사실이 이 책의 존재를

---

[*] 에드워드 H. 카, 김택현 옮김, 《역사란 무엇인가》, 까치, 1997, 22~23쪽.

WHAT IS HISTORY?

The George Macaulay Trevelyan Lectures
delivered in the University of Cambridge
January–March 1961

by

EDWARD HALLETT CARR
Fellow of Trinity College

- [그림 7] 에드워드 핼릿 카
- [그림 8] 에드워드 핼릿 카의 저서 《역사란 무엇인가? *What Is History?*》

역사가 사실이 아니라 해석이라는 혼동은 역사를 "과거와 현재의 대화"로 정의한
카에게서도 나타난다.

부정하지는 못한다는 것이다. 오히려 독자들의 독후감이 다르다는 사실은 이 책의 집필과 독서라는 객관적 사실의 증거이다. 종종 선택이라는 말에서 주관성만 찾아내는 경우가 많은데, 선택에는 객관적 사실이 전제되어 있다.

> 어떤 산이 보는 각도를 달리할 때마다 다른 형상으로 보인다고 해서, 그 산은 객관적으로 전혀 형상을 가지고 있지 않다거나 무한한 형상을 가진다고 할 수는 없다. 해석이 사실들을 확정하는 데에서 필수적인 역할을 한다고 해서, 그리고 현존하는 어떠한 해석도 완전히 객관적이지 않다고 해서, 이 해석이나 저 해석이나 매한가지이며 역사의 사실들에 대해서는 원칙적으로 객관적인 해석을 내릴 수 없다고 말할 수는 없는 것이다.[*]

여기서 카는 사실을 비유하는 '산'은 객관적으로 있는 것이고, 나아가 객관적인 해석도 가능하다는 입장으로 돌아가고 있다. 카의 이 진술과, 앞서 인용한 '역사적 사실이라는 딱딱한 알맹이가 객관적으로 그리고 역사가의 해석과 독립하여 존재한다는 믿음은 어리석은 오류'라는 두 주장은 모순이다. 적어도 그가 헷갈리

---

[*] 에드워드 H. 카, 《역사란 무엇인가》, 28쪽.

고 있는 것은 분명하다. 그가 살아있었다면 SNS나 E-메일로 충분히 토론할 수 있을 텐데 이미 세상을 떠나 그럴 수 없는 것이 안타까울 뿐이다.

남의 말 할 때가 아니다. 다음 글을 보자.

누구나 아는 사실이지만, 역사는 과거에 있었던 사건 그 자체가 아니다. 그것은 역사가의 눈을 통해 비추어진 과거이다. 그러니 우리가 과거의 사실이라고 믿는 역사를 이해하기 위해서는 당연히 그 '역사가'의 배경을 이해하여야 한다. 여기서 '역사가'라고 하니까 대단한 전문성을 먼저 떠올리는 분들이 계실지도 모르지만, '역사를 공부하는 사람'이라는 일반적인 의미로 보아도 될 것이다. 결국 역사는 과거의 어떤 사건이 남긴 '사실에 대한 해석'이다. 그런 점에서 늘 관점, 즉 역사가의 주관성은 논란을 불러일으키는 숙명을 갖는다.

여기서 주관과 객관이라는 근대 철학의 고민이 나온다. 이 주제가 역사학에서는 '사실과 해석'이라는 주제로 나타난다. 우리의 일상 어법에서는 '좋지 않은 느낌'의 주관과 '좀 나은 무엇이라는 느낌'의 객관으로 슬며시 탈바꿈한다. 여기서 순진한 질문 하나를 던져 놓고 가겠다. "객관적인 주관은 불가능한가?", 나아가 "주관과 객관은 양립 불가능한 것인가?"

이렇게 어떤 과거의 사실을 이해할 때 개입되어 있기 마련인 '역사가의 관점' 때문에 '왜 우리는 역사를 그렇게 해석할까'

역사학 1교시, 사실과 해석 ──●

라는 질문을 던지게 된다. 다시 말하면 역사를 해석하는 우리들의 인식을 반성의 대상으로 삼아야 한다. 이것을 '인식론적 반성Epistemological Reflection'이라고 부른다.[*]

10여 년 전에 내가 쓴 글이다. 역사학을 과거에 대한 탐구로 이해한 한계는 차치하고라도,[**] 카의 세례를 받은 분위기가 물씬 풍기지 않는가. 다만 사실을 꽉 붙들고 있었다는 것, '객관적인 주관'의 가능성을 포착하고 있었다는 것 정도는 그런대로 적절한 문제의식이었다고 봐줄 만하겠다.

이렇듯 우리는 은연중에 사실에 대한 해석 우위 또는 역사 탐구에서 사실과 해석이 차지하는 역할에 대해 혼동한다. 이는 '포스트모더니즘의 도전'이라는 경향과도 관련이 있을 것이다. 이 경향은 역사 탐구의 핵심 개념인 '원인'을 대신하여 '담론談論(discourses)'을 던져주었다. 역사는 여러 담론 중 하나에 지나지 않는다는 주장이다. 역사의 진실, 객관성이라는 개념을 흔들었다.

하지만 이른바 역사철학자들의 역사 인식론에 대한 대부분의

---

[*] 오항녕, 〈오항녕의 조선 시대 다르게 보기 (1)〉, 《역사교육》 76호, 2007, 163~164쪽.
[**] 과거에 대한 탐구는 역사학의 일부이다. 역사학은 크게 기록을 남기고 전달하고 이야기하거나 탐구하는 세 차원에서 이루어지는데, 현재 역사학과 커리큘럼 때문에 연구가 역사학의 본업인 듯, 역사가의 유일한 일인 듯 생각하기 쉽다. 이에 대해서는 이 책 4장 및 오항녕, 《호모 히스토리쿠스》, 개마고원, 2016, 2부 역사의 영역, 02 역사 사이의 괴리 참고.

연구가 역사학자들이 실제 작업에서 만나는 구체적인 문제들과 거의 관련이 없었듯이,[*] 포스트모더니즘의 역사 인식론도 마찬가지였다. 어설픈 포스트모더니스트들이 구름 잡는 얘기에 시간을 보낼 때, 정작 담론이라는 지평에서 진보를 가장한 근대주의 역사 해석을 비판한 것은 푸코였다. 그는 담론을 무언가 새로운 심급이 아니라 사람들의 실천, '실제로 했던 행동'이라고 이해했다.[**] 이럴 때 담론이란 단순한 주장이나 견해가 아니라 역사적 무의식으로 사실과 사건에 깔려 있는 탐구 대상이다.

여기에 이르러 우리는 다음과 같은 점을 확인할 수 있게 되었다. 먼저 사실의 왜곡은 매우 가까이 있다는 점이다. 우리의 일상이 곧 사실의 연속이기 때문이다. 그리고 사실의 왜곡은 '사실과 허위'의 버무림이기도 하다. 허위로만 이루어진 '가짜뉴스'는 없으며, '가짜뉴스'에는 사실에 대한 무의식적·의도적인 멸시가 깔려 있다.

둘째, 이러한 사실의 왜곡에 나를 포함한 역사학자들 스스로 책임질 부분이 있다는 것이다. 역사를 관점이나 해석의 문제인 듯 설명하여 사실에 대한 경시를 조장한 점이 있기 때문이다. 사

---

[*] 리처드 에번스, 이영석 옮김, 《역사학을 위한 변론》, 소나무, 1998, 26쪽. 에번스는 콜링우드Robin G. Collingwood의 두 저서인 《옥스퍼드 로마 시대 브리튼의 역사Oxford History of Roman Britain》와 《역사의 개념The Idea of History》 사이에 어떤 연관도 없다고 단언했다.

[**] 폴 벤느, 김현경·이상길 옮김, 《역사를 어떻게 쓰는가》, 새물결, 2004, 468쪽.

실과 씨름하는 학문이 역사학일진대, 정작 학계에서도 사실을 홀대하는 듯한 양상이 적지 않다. 여기에 포스트모더니즘에서 말하는 담론 개념을 역사학에 생각 없이 적용한 것 또한 사실을 경시하는 상황의 형성에 한몫했다.

왜 이런 터무니없는 혼동과 홀대가 생겼을까? 가장 큰 이유는 우리가 정작 '사실'이 무엇인지 진지하게 따져보지 않았기 때문이다. 건축학에서는 '집', '건축'의 정의를 먼저 배우고, 물리학에서는 '힘, 에너지'의 정의를 개론 시간에 먼저 배운다.

역사학에서는? 사실은 '실제로 일어난 일'이라고 설명한다. 그러나 이는 설명이 아니다. 동어반복이다. 한자어를 한자+한글로 푼 동어반복일 뿐이다. 사실에 대한 정의가 그 어떤 새로운 정보도 주지 않는다. 사실을 자명한 것으로 인식하고 있다. 검증이나 정의가 필요치 않은 그 자체로 자명한 것으로 말이다. 이제라도 '사실이 무엇인가'를 묻고 답해야 한다.

02

구조, 의지, 우연의 복합

역사학자들은 원래 '모두', '언제나'라는 말을 피한다. 이는 일반화를 전제로 한 말인데, 역사학자는 일반화를 꺼리는 경향이 있다. 역사학도 학문의 하나이고 학문은 인식의 체계이므로 사건의 유형화나 이론 체계가 필요할 때도 있지만, 그럴 때조차도 역사학자들은 '~듯하다', '~로 생각된다'고 도망갈 구멍을 만들어놓고 얘기한다.

하지만 역사학은 '언제나' 서로 다른 사건을 다룬다. 역사상 한 번도 같은 사건은 없기 때문이다. '모든' 사건은 독특하다. 인간의 경험을 설명하고 해석하기 위해 일반화된 이론이 필요할 수는 있지만, 경험이나 사건 자체는 항상 독특하다. '언제나', '모든'이라는 말이 들어 있는 명제를 하나 소개하련다.

'모든 사건에는 언제나 객관적 구조, 사람의 의지, 그리고 우연

이 함께 들어 있다.'

여기서 사실과 사건의 차이는 역사학에서 별 의미가 없다. 굳이 구별하자면 사실에 비해 사건은 자연적 단위가 아니며, 자유로운 재단이자 상호작용하는 실체들의 집합으로 쓰는 듯하다.

사건, 사실에는 구조, 의지, 우연이라는 요소가 들어 있다. 역사 공부는 사건에 대한 탐구이므로 사건을 탐구할 때 구조, 의지, 우연을 다 살펴야 한다. 역사 탐구에서 이 셋의 어느 하나라도 살피는 일을 소홀히 한다면 직무 유기에 해당한다. 위 명제는 내가 만든 문장이기는 하지만, 많은 학문의 성과가 그렇듯 이 명제 역시 저작권이 나에게 있지 않다.

공자가 가장 아끼던 제자 안연顔淵은 자주 양식이 떨어지는 빈궁한 생활 끝에 술지게미도 실컷 먹지 못하다가 결국 요절하고 말았다. 이러고도 하늘이 선한 사람에게 보답했다고 하겠는가. 도척盜跖은 날마다 무고한 사람을 죽이고 사람의 간을 회 쳐서 먹었으며 포악한 행동을 자행하면서 수천 명의 무리를 모아 천하를 횡행하다가 천수를 누리고 죽었다. 하늘은 그에게 무슨 덕이 있기에 이렇게 해주었단 말인가. 과연 소위 천도라는 것이 옳은 것인가, 그른 것인가.*

* 《사기》 권61 〈백이열전〉 태사공왈太史公曰.

역사학 1교시, 사실과 해석 ──●

사마천은 《사기》의 열전列傳 처음에 천도는 사람이 할 도리를 다했는지와 상관없지 않느냐고 한탄했다. 〈백이열전〉은 백이伯夷와 숙제叔齊의 전기傳記인데, 그들은 주周나라 무왕武王이 은殷나라를 멸망시키고 천자의 지위에 오르자, 주나라의 녹봉을 먹는 것을 부끄러워하여 수양산에 은둔했다. 그때 〈채미가採薇歌〉를 지어 불렀다.

저 서산에 올라가	登彼西山兮
고사리를 캐노라	採其薇矣
폭력으로 폭력을 바꾸면서	以暴易暴兮
그 잘못을 모르도다	不知其非矣
신농과 순 임금, 우 임금 이제 없으니	神農虞夏忽焉沒兮
나는 어디로 돌아가리오	我安適歸矣

사마천의 '이른바 천도라는 것이 옳은 것인가, 그른 것인가所謂天道, 是耶! 非耶!'라는 물음에는 사람의 의지와 역량이 갖는 한계에 대한 안타까운 자각이 담겨 있다. 의지만으로 안 되는 영역이 있기에 상황은 늘 생각과 어긋난다. 의지 밖의 영역이 구조나 우연의 영역이다. 이 셋을 합쳐 빚어내는 결과를 사마천은 거룩하게 하늘의 길, '천도'라고 불렀다. 역사학자는 이 '천도'를 무미건조하게 '사실'이라고 부른다.

역사적 설명이란 각 요소를 할 수 있는 한 명료화하는 것이

[그림 9] 사마천

사마천은 《사기》 〈백이열전〉에서 '이른바 천도라는 것이 옳은 것인지 그른 것인지' 묻는다.
이 물음에는 인간의 행위와 결과 사이의 괴리, 원인과 결과의 간극이 담겨 있다.
사실의 개념에 대한 탐구는 이 물음에 대한 하나의 답이 될 수 있다.

다. 우리 현실에서 이 요소들은 세 부류로 나뉜다. 하나는 우연이다. 그것은 피상적 원인, 우발적 사건, 요행 혹은 운수라고 불린다. 또 다음 것은 원인, 조건 또는 객관적으로 부여된 것이라고 불린다. 우리는 그것을 물질인物質因이라고 부를 것이다. 마지막 것은 자유, 생각하기이다. 우리는 이것을 목적인目的因이라고 부른다.[*]

내가 사건의 세 가지 요소를 구조, 의지, 우연이라고 명명한 것은 결정적으로 벤느의 위의 말에 의지한 바 크다. 물론 사마천에서 폴 벤느 사이의 많은 역사학자도 다 알고 있었다. 사실에는 조건, 의지, 우연이 서로 어깨를 밀치며 자리를 차지하고 있다는 것을.

드로이젠을 보자. 그는 '해석'을 a) 실제적 해석, b) 조건들에 대한 해석, c) 심리적 해석, d) 이념들에 대한 해석으로 분류했다. 실제적 해석이란 사실의 연관이다.[**] 조건은 앞서 말한 구조와 같다. 심리와 이념은 의지의 영역이다. 3장에서 살펴보겠지만, 사실의 요소는 '사실과 해석의 내적 연관성'을 이해하는 고리가 된다. 드로이젠은 이를 '해석'이라고 했지만, 그것은 사실의 속성에서 유래한다.

지나간 사실이나 경험을 연구할 때 '누가, 언제, 어디서, 무엇을, 어떻게, 왜'라는 여섯 가지 질문을 던진다. 이른바 6하六何원

---

[*] 폴 벤느, 이상길·김현경 옮김, 《역사를 어떻게 쓰는가》, 새물결, 2004, 164쪽.
[**] 요한 구스타프 드로이젠, 《역사학Historik》, 545~551쪽.

칙, 여섯 가지 질문 방법이라는 말이다. '무엇을'에 '어떻게'가 들어가기 때문에 통상 역사 연구에서는 다섯 가지 지침으로도 충분하다. 또 이 질문의 답은 중복되기도 한다. '무엇'이 일어났는지 설명하다 보면 그것이 '왜' 일어났는지 설명하기도 하고, '누구'에 대해 질문하다 보면 그가 '무엇'을 했는지 설명하기 때문에 질문의 경계선이 잘 구분되지 않기도 한다.[*]

이는 당초 6하원칙 또는 5하원칙이 '하나의 행위'를 탐구하는 지침이기 때문이다. '하나의 행위'를 통해 '하나의 사실'이 발생하자마자 6하원칙은 모호하고 겹치게 된다. '언제, 어디서'라는, 즉 시간과 공간이라는 역사의 숙명적 조건을 빼면, '누가, 무엇을, 어떻게, 왜'는 행위자와 행위에 대한 질문이다. 6하원칙은 행위가 이루어지는 구조 또는 조건을 설명하지는 않는다. 나아가 다른 주체의 행위가 만나거나 만나지 못하는 우연의 요소를 설명하기 어렵다.

6하원칙은 행위를 선명하게 이해하기 위해 필요하다는 점에서 하나의 지침으로 삼을 수는 있다. 하지만 사실의 측면에서는 여전히 구조, 의지, 우연이라는 사실의 세 요소를 검토하는 편이 모호함을 줄일 수 있으리라 생각하는 것이다. 이제 나는 내 방식대로 이 의미를 정의해갈 것이며, 사실과 해석의 관계에 대한 논의를 확장할 것이다.

[*] 리처드 마리우스·멜빈 E. 페이지, 남경태 옮김, 《역사 글쓰기, 어떻게 할 것인가》, 휴머니스트, 2010, 62~63쪽.

구조

나는 내가 사내아이라는 걸 한 번도 의심하지 못했다. 그저 자명하게 받아들였을 뿐 '내가 왜 남자지?'라는 질문을 하지 못했다. 그렇게 초등학교 6년, 중학교 3년, 고등학교 3년을 마쳤다. 왜 서당이 아니라 6년, 3년, 3년이라는 교육과정을 거쳐야 하는지도 누구 하나 설명해준 적 없었다. 나는 그저 이런 틀에 던져진 존재였다.

인간은 허허벌판에서 태어나지도, 살아가지도 않는다. 태어나면서 또는 살아가면서 주어진 조건이 있다. 충청도나 전라도에서 태어났다는 것, 한국이 국적이라는 것, 자본주의 사회에 살고 있다는 것……. 그래서 나는 우리 아이들을 놀리곤 했다.

너희들도 태어나서 아빠와 엄마가 니들 부모가 될지 몰랐겠지? 태어나보니 성격 고약할 거 같은 어떤 남자가 아빠라서 당황했지? 그래도 다행인 건 네 엄마가 착하다는 거야. (그리고 심각하게 덧붙였다.) 나도 니들을 낳고 싶어 낳은 게 아냐. 어쩌다 보니 너희들이 나온 거지.

아이들은 놀라서 금방 울 듯이 잉잉거리며 품 안으로 감아들었다. 바로 이런 것, 태어나보니 정해져 있는 것과 같은 류를 인간의 객관적 조건 또는 구조라고 부른다. 사람은 무엇보다 먹고살아야 한다는 생존과 경제의 조건으로 시작해서 셀 수 없이 많은 조건이나 구조에 던져진다. 이 구조나 조건을 중심에 놓고 사실이나 사건을 해석하는 것을 구조주의Structuralism이라고 부르는데, 사전에서는 다음과 같이 정의하고 있다.

구조주의 철학은 소쉬르의 언어학, 레비스트로스의 구조주의 인류학 등의 영향을 받아 인간이 언어구조·무의식 등에 의해 구성된 존재임을 밝힘으로써 종래의 인간 중심 사고를 거부한다. 즉 인간을 세계의 중심·주인으로 보고 그가 사물들 전체를 규정하고 그것들에 의미를 부여한다고 상정하는 관점을 비판한다. 구조주의는 주체, 주체의 자유, 이성, 역사와 역사의 발전 등이 신화에 지나지 않는 허구라고 주장함으로써 큰 충격을 주었으며 또 비판의 대상이 되기도 한다.[*]

이렇게 정의한 뒤 구조주의 학자로 자크 라캉, 미셸 푸코 등을 소개하고 있다. 구조주의의 출발을 언어학자 소쉬르Ferdinand de Saussure(1857~1913)에서 잡고 있으니 소쉬르부터 설명해보자.

언어라는 구조

소쉬르는 언어의 심리적·물리적 의지나 지능에 의한 개별적인

---

[*] 다음 백과, '구조주의', https://100.daum.net/encyclopedia/view/b02g2267a. 검색일: 2021년 2월 10일.

행위를 뜻하는 파롤parole과, 특정 사회 속의 특정 시대에 존재하는 체계적·독립적·구조적 언어인 랑그langue의 개념을 도입했다. 그는 랑그를 자신의 학문적 대상, 즉 언어학의 대상으로 삼았고, 이를 통해 구조주의 언어학을 개척했다.[*] 다음 도식을 보자.

　말할 때 나는 소리, 즉 음파는 물리physical의 현상이다. 즉 공기를 울려서 나는 소리이다([그림 10]). 목소리가 좋다, 나쁘다 같은 성대와 공기의 떨림이 만들어내는 현상이라는 말이다. 이 음파를 말하는 쪽이 있고 듣는 쪽이 있다. 발성하는 쪽과 청취하는 쪽. 말하고 들을 때는 신체의 일부인 성대가 뇌와 작용하여 발성하고,

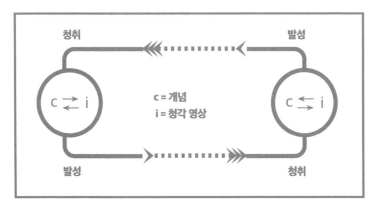

[그림 10] 랑그와 파롤

---

[*] 페르디낭 드 소쉬르, 김현권 옮김,《일반언어학 강의》, 지식을만드는지식, 2012, 26쪽.

들을 때는 귀에 있는 고막을 통해 뇌와 작용하여 청취한다는 점에서 생리적biological 현상이다.

그런데 '소'나 '말'이라고 하는 발성=떨림의 기호를 머릿속으로 '소-그림', '말-그림'으로 떠올리는 과정은 조금 다르다. 이는 생리적·물리적 과정이 아니라 마음속에서 일어나는 작용으로, 소쉬르는 심리적psychological 과정이라고 불렀다([그림 10]의 c). 언어학은 '소'나 '말'이라고 하는 기호를 '소-그림', '말-그림'으로 떠올리는 과정이 언어이며, 언어학의 연구 대상은 바로 이 언어에 국한된다고 보았다. 다음 사례를 보자.

소리=단어=청각-영상=기표　　　개념=기의

나무/ 숲

木(mu)/ 林(lin)

tree/ forest

き(たきぎ)/ もり

위에서 왼쪽은 소리이다. 나무/ 木/ tree/ き(たきぎ)는 한국어, 중국어, 영어, 일본어에서 오른쪽 '나무 그림'인 개념을 표현하는 기호가 된다. 이 기호를 왼쪽의 소리(청각-영상)는 기표記表(표현하는 것)라고 부르고, 시니피앙signifiant이라는 프랑스 말로 읽기도 한다. 기표는 표기表記로, 기의를 싣는 수단이다. 이에 대해 오른편의 개념을 기의記義(표현되는 것)라고 한다. 그냥 시니피에signifie라고 부르기도 한다.

조심해야 할 점은 소쉬르가 말하는 '개념'을 곧 용어와 동일시하고, 이어 단어와 동일시하여, '아! 개념은 단어구나!', 이러면 안 된다는 것이다. 소쉬르가 말하는 '개념'은 '나무'라고 말했을 때 머릿속에 떠오르는 실제 나무의 모습을 말한다.

앞의 소리=표기=단어=기표의 실례에서 보듯, 기표는 언어를 사용하는 집단마다 제각각이다. 소통이 가능한 언어 집단도 지역마다, 종족마다 제각각이고, 시대마다 제각각이다. 서울 지역에서는 나무가 '나무'였지만 충청도에서는 나무가 '낭구'였다. 또 조선 세종 때는 '뿌리 깊은 나무'가 아니라 '불휘 기픈 남ᄀᆞᆫ'이었다.

생각해보면 조금 이상한 현상이다. 지역마다 시대마다 하나의 개념=기의에 대한 소리=표기=기표가 다 다르지 않은가? 이것을 소쉬르는 언어의 자의성이라고 부른다. 제멋대로라는 것이다. '나무 그림'을 나무, 木, tree 따위로 다르게 표현한다는 것은 그렇게 부르게 된 것이 자의적이었음을 의미한다. 즉 나무/木이라는 기표는 우리 머릿속에 떠오르는 개념='나무 모습'이라는 기의와 아무런 내적 연관이 없다. '나무 모습'을 나타내는 기표로 '사람'이나 '하늘'을 붙일 수도 있었다는 말이다.

우리는 '나무 그림'을 '나무' 또는 '木'으로 쓰거나 말하도록 배운다. 배우는 것은 흉내 내는 일이다. '나무'라는 말을 다른 성원에게서 수용, 습득한다. 기표는 기의, 즉 그것이 표상하는 개념

='나무 모습'=나무의 현존과 관련해서 자유롭게 선택된 것처럼 보여서 자의적인 듯하지만, 그 기표를 사용하는 언어 공동체 안에서 보면 자유로운 것이 아니라 강제된 것이다. 일단 '나무 그림'을 '나무'/ '木'으로 읽고 쓰기로 한 이상, 해당 언어 공동체에서는 누구나 그렇게 쓰고 읽어야 한다. 그 표현을 받아들여야 한다는 말이다. 언어는 늘 사전과 문법에 반영되어 있다. 이렇게 언어처럼 받아들이게 되어 있는 것, 그것이 바로 구조이다.

우리가 살아가는 구조=조건이 있고, 그것이 어떤 사건, 사태의 발생과 성격을 규정하는 가장 중요한 요소라고 보는 견해가 구조주의이다. 구조주의는 관점, 방법론, 이론이지만, 구조는 사건이나 사태에 담겨 있는 구성요소이다. 인간이 어떤 행위를 할 때 거기에는 구조, 달리 말해서 조건과 틀이 담겨 있다고 보면 된다.

역사학의 구조주의

역사에서도 구조가 중요한 것은 불문가지이다. 《고려사》에 '직관지職官志'를 두어 국가 구조의 일부인 관직제도, 관료제를 정리해놓은 데서 알 수 있듯이, 예전에도 구조=틀에 대한 인식은 당연히 있었다. 역사학에서 구조주의라는 학문의 경향이 등장하지 않은 것은 왕정과 농업이 장기 지속한 점, 그리고 역사학의 중심이 연구보다는 수집-기록에 놓여 있던 점 때문일 것이다.

그러나 자본주의 산업혁명과 민주주의 정치혁명을 겪던 19세기 역사학이 수집-기록에서 연구로 중심 이동을 하던 때, 근대 역사학에서 구조를 포착한 공로는 카를 마르크스를 빼놓을 수 없다. 이런 점에서 레비스트로스나 소쉬르는 마르크스의 제자이다. 마르크스는 인류 역사의 시기마다 특징적인 생산 관계가 있다고 보았다. 생산 관계는 생산력에 조응한다고도 했다. 생산력은 우리가 사용할 수 있는 재화를 생산해낼 수 있는 능력을 말하는데, 생산력이 발전함에 따라 생산 관계가 변화한다. 생산 관계는 지주–소작, 자본–노동 관계처럼 재화를 생산할 때 맺게 되는 사회적 관계를 말한다. 이 같은 관점 아래 마르크스는 그동안 역사학이 던지지 못했던 중요한 두 가지 질문을 던졌다.[*]

첫째, 다양한 인간 사회 집단으로 분화하는 메커니즘은 무엇인가?
둘째, 한 종류의 사회가 다른 종류의 사회로 변하거나 변하지 못하는 메커니즘은 무엇인가?

첫째 질문은 사람들이 사는 사회가 왜 서로 다른가 하는 문제이다. 아메리카 인디언 사회와 아시아 조선 사회는 분명 달랐다. 왜, 어떻게 달랐는지, 역사의 이름으로 질문한 일은 마르크스 이전에도 있었다. 헤로도토스의《역사》만 봐도 이집트, 소아시아 등 서로

---

[*] 에릭 홉스봄, 강성호 옮김, 《역사론》, 민음사, 2002. 10장 〈역사가는 마르크스에게 무엇을 빚지고 있는가〉 및 11장 〈마르크스와 역사학〉 참고.

[그림 11] 카를 마르크스
마르크스는 "다양한 인간 사회 집단으로 분화하는 메커니즘은 무엇인가?",
"한 종류의 사회가 다른 종류의 사회로 변하거나 변하지 못하는 메커니즘은 무엇인가?"라는
두 가지 질문을 통해 역사학에 '구조' 문제를 제기했다.

다른 사회에 대한 비교 관찰이 많이 수록되어 있다.[*] 《역사》는 근대 인류학의 종족지種族誌, 민속지民俗誌에 해당하는 자료이다. 하지만 그 사회의 특성을 설명하는 방법을 찾아낸 것은 마르크스의 연구였다. 그는 초고 형태로 있다가 추후 간행된 《정치경제학 비판 요강》에서 사회를 관찰하는 역사학의 방법을 제시했다.[**]

그는 사회의 차이를 상부구조와 하부구조의 결합 방식에서 찾았다. 하부구조는 생산력과 생산 관계로 이루어진 생산양식을 말한다. 국가가 발생한 뒤로 사회제도, 조직, 이념 등이 생기는데, 이것을 상부구조라고 부른다. 하부구조와 상부구조라는 두 차원이 어떻게 결합하는가에 따라 사회의 모습이 결정된다. 그 결합을 사회구성체라고 부른다.

A사회와 B사회가 다른 이유는 상부구조와 하부구조의 결합 차이 때문이다.

둘째 질문은 A라는 사회는 C사회로 갔는데, B사회는 C사회

---

[*] 헤로도토스, 박광순 옮김, 《역사》, 범우사; 헤로도토스, 천병희 옮김, 《역사》, 도서출판 숲, 2009.

[**] 카를 마르크스, 김호균 옮김, 《정치경제학 비판 요강》, 그린비, 2007. 요강要綱은 'Grundriße'의 번역어이다. 이 번역 이전에 《정치경제학 비판 요강》의 일부를 홉스봄이 설명하고 해제를 단 《자본주의적 생산에 선행하는 제 형태》(성낙선 옮김, 지평, 1988)라는 책이 나온 적이 있다.

아닌 C'사회로 가는가 하는 문제이다. 영국에서는 봉건제에서 농민층 분해를 통해 산업혁명으로 옮겨갔는데, 바로 옆에 있는 프랑스는 분할지 농민의 군대를 기초로 나폴레옹이 등장했고, 동유럽에서는 재판 봉건제라고 하는 봉건제로의 회귀가 일어났다.

이는 사회의 이행移行(transformation)에 대한 질문이다. 고려에서 조선으로 어떻게 이행이 이루어졌는가 하는 질문도 여기에 속한다. 왜 고려가 조선으로 이행했고, 다른 X사회가 되지는 않았는가를 설명하는 방법이다. 마르크스는 생산력의 발전에 생산 관계가 조응하지 못할 때, 하부구조에 상부구조가 조응하지 못할 때 이행이 일어난다고 보았다. 이 조응하지 못하는 상황을 모순 Contradiction이라고 불렀다.

A사회→C사회 전환은 내적 모순에 따라 이루어진다.

이 두 가지 질문을 다른 말로 바꾸면, 마르크스는 체제를 안정시키는 요소와 체제를 해체하는 요소 두 측면을 동시에 지적한 것이다. 하긴 안정이 깨지면 해체 또는 이행하는 법이다. 이렇게 사회를 이해하는 관점이야말로 마르크스가 역사학자로서 지닌 진면목이었다. '변화하는 사회와 인간', '언제나 서로 다른 사건과 사태'를 설명할 수 있는 유력한 관점을 제공하기 때문이다.

여기서 사회를 사건으로 바꾸면 지금 논의하는 역사 공부의 ABC가 된다. 흔히 마르크스를 자본Capital을 분석한 경제학자로 보지만, 실은 누구보다 엄격한 역사학자였다. 내 관점에서 보면 경제학은 넓은 의미의 역사학이다. 경經−사史의 구도에서 보면 그렇다는 말이다. 마르크스의 모든 논의는 추상적 이론의 소산이 아니라 사실에 대한 관찰의 결과였다.

인간 사회의 구성과 변화에 대한 마르크스의 견해는 '역사적 유물론Historical Materialism'이라고 부를 수 있다. 한때 역사적 유물론이 무슨 괴물이라도 되는 것처럼 여기는 이데올로기 공세도 있었고, 안타깝게도 한국 사회 일각에서는 아직까지 이념 공세를 펴고 있는 것이 현실이다.

역사학은 본래 역사적 유물론일 수밖에 없다. 변화하는 인간 활동의 산물인 사실을 다루는 역사학이므로 '역사적'이라는 형용사가 붙는다. 유물론은 물질을 중심으로 하는 사유로, '자료=material를 중심으로 연구한다'는 말이다. 역사학은 인간의 흔적과 경험이 담긴 자료를 벗어나서 논의할 수 없다. 인간의 관념이나 철학의 문제도 자료를 놓고 이야기하는 것이다. 없던 것을 논의할 수는 없다. 그렇기 때문에 역사학자는 역사적 유물론자일 수밖에 없다. 이를 부정하면 역사학자가 아니다.

마르크스의 두 가지 질문은 말 그대로 문제의식이었다. 그런 문제의식을 가지고 세계와 사건을 탐구해보자는 말이었다. 즉 답변=결론이 아니라 출발이었다. 왜 사회가 서로 다른가, 왜 사회가 이행하는가를 설명하기 위한 질문을 던졌을 뿐 답을 제출한 것이 아니었다. 그는 "왜 이러한 변화가 균등하거나 단선적이지 않고 불균등하고 상호 결합되어 있는가?"라고 물은 것이다. 홉스봄의 표현대로, 마르크스는 마지막 말을 한 것이 아니라 첫 번째 말을 한 것이었다. 그의 역사관은 역사적 설명의 기초이지, 역사적 설명 자체가 아니었다.

속류 유물론의 게으름

마르크스의 질문을 역사 탐구의 시작으로 보지 않고 답을 내렸다고 본 사람들이 있다. 홉스봄은 이들을 속류 마르크스주의자 또는 경제 환원론자라고 불렀다. 같은 걸 먹고도 누구는 꿀을 만들고, 누구는 독을 만든다.

분명 마르크스는 구조를 중시했다. 인간은 "과거에서 직접 기초되고, 주어지고, 전해진 환경 아래에서" 역사를 만들 뿐, 자신들이 환경을 선택하지는 못한다는 것이 마르크스의 견해였다. 여기서 오해가 생겨났다.

마르크스 사후 그의 사상을 심하게 단순화하는 경향이 있었다. 그것은 주요한 경제적 사회구성을 모든 인간 사회가 한 칸 한 칸 제각기 '다른 속도로' 올라가서 결국 '똑같이' 정상에 도달한다는 단계론으로 귀결되었다. 이 단선론적 단계론은 하나의 사회구성에서 다음의 고차적인 사회구성으로의 이행을 설명하는 식의 '사회구성체의 기본법칙'을 추구하는 데까지 이어졌다.

'기본법칙'! 과거 소비에트연방, 즉 소련 교과서에서 자주 등장하던 용어이다. '봉건사회의 기본법칙', 이런 식으로 말이다.

그런 제목을 붙인 책도 있었다.[*] 이는 원시 공산제 사회에서 고대 노예제로, 다시 봉건제 그리고 자본제로 역사가 진행되어왔다는 말이다.

이런 단계론에는 마르크스의 책임도 있다. 단계론을 언급한 것이 바로 마르크스 자신이었다는 점에서 그러하다.[**] 하지만 맥락을 잘 살펴보면 마르크스는 법칙으로서의 단계론을 언급한 것이 아니었다. 그가 관심 있는 질문은 앞서 살펴본 사회의 성격과 변화였지, 역사가 단계론으로 발전하는 것이 아니었다. 하지만 '속류 마르크스주의자'들은 다음과 같은 몇 가지 과정을 거쳐 마르크스의 문제의식을 왜곡하기 시작했다.

① 마르크스의 '경제적 역사 해석'은 "경제적 요소는 근본 요소가 되고, 그 밖의 다른 요소들은 경제적 요소에 종속된다"는 말이다.
② 토대와 상부구조의 모델은 '경제적 토대'와 '상부구조' 사이의 지배와 의존을 보여준다.
③ 둘의 관계는 대부분 '계급적 이해와 계급투쟁'에 의해 매개된다.

[*] 기하라 마사오木原正雄, 김석민 옮김, 《봉건사회의 기본법칙》, 아침, 1987.
[**] 카를 마르크스, 김호균 옮김, 《정치경제학 비판을 위하여》 서문, 중원문화, 2012.

④ '역사법칙과 역사적 필연성'이 있다. 세계사적 보편성이
   있다.

①과 ②는 토대 결정론, 경제 결정론으로 부를 수 있다. ③을
두고 홉스봄은 "수많은 속류 마르크스주의 역사가들이 《공산당선
언》의 첫 쪽에 나오는 '이제까지 존재한 모든 사회의 [서술된] 역
사는 계급투쟁의 역사다'라는 첫 문장 이상을 읽지 않았다는 인
상을 받는다"고 웃어넘겼다.

④는 인간 사회가 역사 속에서 법칙처럼 필연의 궤도를 타고
발전했다고 보는 것이다. 그래서 장기적인 운동에 대한 일반화의
수준에서 인간 의지의 힘과 우연적인 것을 대부분 배제했다. 이
는 개인이나 우연의 역할에 대한 선입견이 생기게 되는 기계적 결
정론으로 귀결된다. 의외로 아직도 세계사적 보편성이라는 이름
아래 이런 주장을 하거나 영향을 받는 경우가 적지 않다.

결정론의 일상 흔적

기계적 결정론은 인간의 의지나 우연을 소홀히 다룬다는 점에
서도 오류이지만, 다른 구조와 조건을 무시한다는 점에서도 오류
이다. 이런 점에서 결정론은 쉽게 사람들을 유혹하지만, 실은 사
이비인 경우가 많다.

조선 사람은 반도에 머물러 있어서 대륙이나 해양으로 진출하
려는 진취성이 부족하고 정체되어 있다는 일본 식민주의자들의

주장이 지리 결정론의 대표적인 예이다. 반대로 일본 사람들을 보고 '섬나라 근성' 운운하는 편견도 있다. 지리 결정론은 환경 결정론이기도 하다. 지리 결정론은 일상에서도 벌어진다. 혹자는 종종 "충청도 사람들은 느려!"라고 하는데, 나는 충청남도 천안 사람이지만 일 처리가 매우 빠르다. 흔히 하는 '어디 사람은 이러 저러하다'라는 평은 사람 하나하나에 적용할 때 거의 들어맞지 않거니와 일반론으로도 증명된 바가 없다.

남자들이 여자들을 보고 '여자라서 말이 많다'고 들이대지만, 많은 남자가 말 많은 여자 이상으로 말이 많다. 그리고 흥겨운 말재주는 분위기를 돋워준다는 점에서 나쁜 일만은 아니다. 이렇게 남자, 여자로 나누는 것은 생물학적 결정론 또는 성별性別 결정론이라고 할 만하다.

모든 사건에 구조, 의지, 우연이 내재되어 있다는 사실은 아무리 강조해도 지나치지 않다. 구조 자체만 봐도 하나의 사건에 하나의 구조만 내재한 것이 아니라 다양한 구조와 조건이 개입하거나 내재되어 있다. 생물학적으로 부모 형제가 그렇고, 지역적으로 고향과 조국이 그렇다. 사회적으로 학교, 회사는 선택하는 순간 조건이 된다. 이렇게 구조나 조건은 다음에 다룰 의지와 곧잘 자리바꿈을 한다.

의지

구조나 조건을 인식하는 것은 이제부터 논의할 자유의지를 이해하는 데도 중요하다. 훈련량을 포함한 신체의 조건 때문에 나는 육상 선수처럼 빨리 달릴 수 없고, 사회의 조건 때문에 아무리 여고 학생이 예뻐서 여자 친구로 삼고 싶어도 남자 고등학교 학생이 여고로 등교할 수는 없다. 그러나 구조나 조건에 대한 인식은 그 구조나 조건을 바꾸거나 탈출할 방법을 알려준다. 그 인식 위에서 자유의지는 발현된다.

자유의지free will는 자신의 행동과 결정을 조절, 통제할 수 있는 능력이다.[*]

자유의지로 인해 우리는 더 나은 삶을 위해 힘든 일도 감내한다. 이봉주 선수처럼 달릴 수는 없어도 자신에게 맞는 운동 프로그램을 따라 훈련하면 나 같은 사람도 42.195킬로미터라는 긴 거리를 달릴 수 있게 된다. 운동 프로그램이 힘들어도 건강과 성취의 기쁨을 누리기 위해 새벽 훈련을 나가고 술과 담배를 끊는다. 이 간단한 상황에서 알 수 있듯이 의지에는 두 가지 방향이 있다.

---

[*] 위키백과, 〈자유의지〉, https://ko.wikipedia.org/wiki/. 검색일: 2021년 2월 12일.

의지에는 하는 의지(+의지)와 하지 않는 의지(-의지)가 있다.

아침에 일찍 일어나는 습관을 들이려는 의지는 잠을 더 자고 싶은 욕망을 누를 수 있는 힘을 필요로 한다. 깨끗하고 건강하게 살려고 작심하여 담배를 끊으려면 담배를 중단하는 힘이 있어야 한다. 하려는 의지든 하지 않으려는 의지든 힘=에너지가 들어간다.

다른 나라에 비해 한국은 코로나 상황을 비교적 잘 관리했다. 그 엄중한 국면에서 백신, 거리 두기 등 필요한 조치조차 트집 잡는 비전문적-반사회적 기사가 쏟아져도, 또 사재기 운운하는 가짜뉴스가 나돌아도 우리 국민은 질병관리청을 중심으로 의연히 코로나를 이겨냈다. 이 과정에서 'K-방역'이라는 신조어가 생겼다. 코로나의 관리는 과학, 미술, 음악, 체육, 영화 같은 한 분야의 역량이 아니라 정부의 정책은 물론 국민의 교양과 상식, 미래에 대한 삶의 태도와 관련 있다는 점에서 매우 복합적·심층적이다. 촛불혁명이라는 정치 분야의 민주역량 표출에 이어, K-방역이 단순한 기술 표준이 아니라 가치 있는 삶과 사회의 운영이라는 점에서 보편성을 획득했다는 점에 주목한다.

K-방역은 자유의지가 코비드-19의 팬데믹이라는 사건에서 어떻게 발현되었는지 보여주는 사례이다. 시민과 정부, 특히 의료진의 노력을 빼고는 이 현상을 설명하기 쉽지 않기 때문이다. 이렇게 인간의 의지는 깊고 넓은 가능성을 보여준다.

"왜 저항하지 않았나요?"

의지의 가능성을 가지고 역사를 설명할 때는 조심할 필요가 있다. 역사 속의 어떤 비극을 설명할 때 종종 의지를 과다하게 강조하는 오류에 빠지기 쉽기 때문이다. 프리모 레비Primo Levi(1919~1987) 이야기를 해보겠다.

프리모 레비는 3·1운동이 일어난 1919년 지구 반대편 이탈리아에서 태어났다. 그는 화학도였다. 유대계였던 그는 제2차 세계대전 말 파시즘에 저항하던 지하운동에 참여했다 체포되어 아우슈비츠로 이송되었다. 아우슈비츠 제3수용소에 수감되었던 그는 용케 살아남아 고향 토리노로 돌아왔고, 이후 죽음의 수용소에서 겪은 일들을 차분히 기록으로 남겼다.[*] 경험의 기록이자 후대에 전달하기 위한 기록이었다.

여러분은 살아서 귀환한 그에게 어떤 질문을 먼저 하고 싶은가? 깊은 위로가 먼저라고? 그렇다. 그런 분은 선한 마음을 가지고 있는 것이다. 그가 돌아온 뒤 가장 많이 받은 질문은 다음과 같다.

'수용소에서 탈출한 포로들이 있었나? 집단적인 반란은 왜 일어나지 않았나?'

이런 질문에 대해 레비는 일단 낙관적으로 해석했다. 오늘날 사람들이 자신들의 자유를 어떤 경우에도 포기할 수 없는 권리로

---

* 프리모 레비, 이현경 옮김, 《이것이 인간인가》, 돌베개, 2007; 이소영 옮김, 《가라앉은 자와 구조된 자》, 돌베개, 2014.

[그림 12] 프리모 레비

역사 속 비극적인 사건 속 인간들에게는 '의지'를 기대하기조차 어려운 경우가 있다.
프리모 레비의 아우슈비츠에 대한 증언은 자유의지의 요구가
또 다른 폭력이 될 수도 있음을 보여준다.

생각하고 있다는 증거라고 생각했기 때문이다. 보통 때 같으면 누구나 수긍할 수 있는 이러한 상식적인 질문이 아우슈비츠 수용소의 경우에는 매우 조심해서 접근해야 할 관점이 된다. 레비는 이렇게 단언했다.

"안타깝게도 그런 그림은 수용소의 진짜 그림과는 닮은 점이 거의 없다."

저항, 반란 같은 그림은 수용소의 풍경이 아니었다는 말이다. 왜 그랬을까? 레비의 말을 계속 들어보겠다. 아우슈비츠에서 탈출을 시도했던 사람은 수백 명도 되지 않았고, 그중 탈출에 성공한 사람은 수십 명에 불과했다. 탈출은 어려울 뿐 아니라 극도로 위험한 행동이었다. 포로들은 의욕도 없었던 데다 굶주림과 학대로 극히 허약한 상태였다. 그들은 삭발한 상태에서 눈에 금방 띄는 줄무늬 포로 의복을 입고 있었고 신발은 빨리 걸을 수 없는 나막신이었다. 수용소가 있던 폴란드의 지리나 언어에 어두웠고, 아무런 연고도 없었다. 탈출하다 잡혀 오면 혹독한 고문 끝에 처형되었다. 탈출이 발각되면 탈출한 사람의 친구들은 공범으로 간주되어 독방에서 굶어죽어야 했고, 막사의 포로들은 벌로 24시간 서 있어야 했기 때문에 상호감시 체계가 작동했다.

탈출한 포로를 사살한 SS대원은 포상 휴가를 갔기 때문에 포상을 받기 위해 탈출할 의도가 없는 포로에게 총을 쏘는 경우까지 있었다. 수용소의 포로들은 유럽 전역에서 끌려온 사람들로 각기 다른 언어를 사용했기에 의사소통이 되지 않았다. 강제 격리 구역이었던 게토ghetto에서부터 허기와 박해, 굴욕에 시달렸기 때문에 아우슈비츠 수용소에서 이들이 머무는 기간은, 즉 생존할 수 있는 기간은 매우 짧았다. 그들은 금방 죽거나 살해되었고, 새로운 수송열차가 도착하여 새로운 포로를 내려놓았다. 그토록 황폐하고 그렇게 불안정한 인간 조직에서 반란의 싹이 뿌리 내리기란 거의 불가능했다.

아우슈비츠에 대한 레비의 증언은 때로는 자유의지를 통한 사건의 해석이 사건의 성격을 호도할 수 있음을 보여준다. 더구나 그 상황을 겪었던 사람에게는 불쾌한 매도로 느껴질 수도 있을 것이다. 모든 역사적 사건에는 인간의 자유의지가 작용하고 있지만, 그 자유의지는 사건을 해석할 때 조심스럽게 대입해야 할 경우가 있는 것이다.

아우슈비츠 같은 시스템은 앞 절에서 논의한 구조이다. 같은 맥락에서 '아프니까 청춘'류에 대한 비판이 가능하다. 이른바 자기계발서가 강조하는 핵심은 개인의 노력, 스펙이다. 열심히 하면, 노력하면 뭔가 이룰 수 있는 것처럼 설교한다. 거기에 드는 희생은 열정이라는 이름으로, 청춘은 원래 아프다는 말로 포장된다. 그러나 그들은 왜 청춘이 아름다울 권리를 빼앗기고, 열정이 환희에 찰 기회를 빼앗기는지에 대해서는 입을 닫고 있다.

젊은이들이 일을 하기 싫어서나 스펙이 나빠서 취직을 못하고 꿈을 펼치지 못하는 것이 아니다. 재벌의 이익을 대변하면서 그 이윤을 극대화하기 위해 비정규직을 양산해놓은 정부 정책, 그

위에 고착화되어가는 기업의 수월한 해고 체계, 부족한 사회복지 시스템 등이 젊은이의 일할 기회를 박탈하고 삶을 불안하게 만드는 원인이자 구조이다. 이런 점에서 '아프니까 청춘이다'류의 논자들은 구조와 시스템의 문제를 개인의 의지 문제로 치환하는 오류를 범하고 있는 것이다. 번지수를 잘못 찾은 것이고, 알면서도 그런 주장을 반복하고 있다면 그렇지 않아도 힘든 젊은이들을 기만하는 것이다.

'생각-없음'의 죄

의지 문제에 적극적으로 접근하는 경우도 있다. 아우슈비츠를 설계하고 운영한 독일 파시스트 아돌프 아이히만Otto Adolf Eichmann(1906~1962)은 1962년 재판을 받고 처형당할 때 근엄한 태도로 교수대로 걸어갔다. 그리고 "우리는 모두 다시 만날 것입니다. …… 독일 만세, 아르헨티나 만세, 오스트리아 만세. 나는 이들을 잊지 않을 것입니다"라고 말하면서 죽었다. 한나 아렌트Hannah Arendt는 이를 보고 "두려운 교훈, 즉 말과 사고를 허용하지 않는 '악의 평범성banality of evil'이라는 교훈을 요약하고 있다"고 했다.[*]

아이히만은 독일 패망 뒤 아르헨티나로 도망쳐 잠적했다가 1961년 이스라엘 비밀경찰에 잡혀 와 예루살렘에서 재판을 받았

---

[*] 한나 아렌트, 김선욱 옮김, 《예루살렘의 아이히만》, 한길사, 2006.

[그림 13] 아돌프 아이히만
1961년 재판을 받고 있는 아이히만.
아우슈비츠를 설계하고 운영한
독일 파시스트 아이히만은 매우
정상적이고 평범한 인물이었다.
그럼에도 수백만 유대인을 죽음으로
내몰 때 '양심의 가책'을 받지
않았다고 밝혔다.

[그림 14] 한나 아렌트
아렌트는 유대인에 대한 증오도
없고 반유대주의 교육을 받은
사람도 아니었던 아이히만이 유대인
학살과 관련하여 전혀 양심의
가책을 느끼지 않는 모습을 보고
'악의 평범성' 개념을 제시했다.

다. 그는 유대인 학살을 위해 나치스가 제도적·체계적으로 추구한 '최종 해결책the final solution'을 열정적으로 실행에 옮긴 인물이었다. 법정에서 그는 '양심의 가책을 받은 적은 없는가'라는 법정의 질문을 받고 "내가 명령받은 일을 하지 않았다면 양심의 가책을 받았을 것"이라고 대답했다. 명령받은 일이란 바로 "수백만 명의 남녀와 아이들을 상당한 열정과 가장 세심한 주의를 기울여 죽음으로 보내는 것"이었다.

아렌트는 아이히만이 매우 정상적이었고 평범했다고 보았다. 여섯 명의 정신과 의사들도 그가 정상이라고 판단했다. 심지어 어떤 성직자는 아이히만을 면담한 뒤, "매우 긍정적인 생각을 가진 사람"이라고 발표했다. 그는 유대인에 대한 증오도 없었고, 반유대주의 교육을 받은 사람도 아니었다. 그래서 아렌트는 악은 이렇게 정상적인 사람에게 깃든다는 뜻에서 '악의 평범성'이라는 개념을 제시했다.

아이히만 재판 과정 전체를 이 자리에서 설명할 필요도 없고 아렌트의 '악의 평범성'에 대한 논란을 다룰 이유도 없다. 이 책의 논의와 관련하여 분명한 것은 자유의지를 가진 존재가 갖는 책임에서 아이히만이 자유롭지 못하다는 점이다. 공자는 일찍이 "네가 원치 않는 것을 다른 사람에게 저지르지 말라[己所不欲, 勿施

於人"고 말하며 책임 윤리의 가이드라인을 제시한 바 있다.* 이런 가이드라인에 대한 무지, 그것을 아렌트는 '생각 없음thoughtless'이라고 말했다.

언제나 똑같은 단어만 반복하는 아이히만의 진술에서 아렌트는 '말하기의 무능inability to speak', '타인의 입장을 고려하지 못하는 무능inability to think'을 발견했다. 이는 그가 거짓말을 하기 때문이 아니라, 그가 말the words과 다른 사람의 존재the presence of others를 막고 있는, 따라서 현실 자체를 막고 있는 튼튼한 벽, 너무도 비극적이고 우매한 벽으로 둘러싸여 있었기 때문이다.

우연

역사적 사건이나 사태를 구성하는 마지막 요소가 남았다. 우연이다. 의외로 맥락이나 의미를 제각각으로 사용하는 용어이다.** 이를 다 거론할 여유가 없으므로 먼저 지금 사용하는 우연에 대한 나의 정의를 소개하고 논의를 시작하고자 한다.

* 《논어》〈위령공衛靈公〉.
** 우연에 대한 철학과 역사학의 논의에 대한 개관은 최성철, 《역시와 우연》, 도서출판 길, 2016 참고.

서로 목적이 다른 두 개 이상의 행위(사실)가 만나거나, 서로 목적이 같은 두 개 이상의 행위(사실)가 만나지 못하는 것이다. 종종 왜 벌어졌는지 모르는 일을 당할 때도 우연이라고 말한다.

《표준국어대사전》에는 우연을 ① 아무런 인과 관계가 없이 뜻하지 아니하게 일어난 일, ② 어떤 사물이 인과율에 근거하지 아니하는 성질이라고 설명한다.[*] 인과因果를 벗어난 사태를 우연으로 보는 것이다. 두 가지만 정리하고 가겠다.

첫째, 우연을 필연의 대립 개념으로 이해해서는 안 될 듯하다. 엄밀히 말하면 우연과 필연은 다른 차원의 개념이다. 콩 심은 데 콩 나듯이 많은 생물과 무생물에는 필연성이 작동한다. 사람은 반드시 사멸한다. 생명이 있는 이상 필연이다. 달리 말하면 우연은 콩 심은 데서 팥이 난다는 식의 개념이 아니다. 콩 심은 데서는 팥이 나지 않는다. 이는 자연법칙을 벗어난다는 점에서 억지이다. 비가 오지 않거나 심은 콩을 새가 날아와 파먹었거나 하는 이유로 콩이 열리지 않을 수 있고, 병충해를 입어 상한 콩이 열릴 수는 있지만, 결코 콩에서 팥이 나오지 않는다.

이 논리를 더 밀고 가보자. 인간이 '어떻게 언제 죽게 되는 사건'은 필연적으로 발생한다. 여기에 우연이 개입되어 있다면 '필

---

[*] 국립국어원, '우연', 《표준국어대사전》(https://stdict.korean.go.kr/search), 검색일: 2021년 2월 13일.

연이 내재된 둘 이상의 사건이 빚어내는 의외성'이 우연이라고 할 수 있을 것이다. 그런데 죽음에는 인간의 인식 능력의 한계와 무지도 개입되어 있다. 그렇기 때문에 스피노자 같은 주장이 가능하다.

> 사물의 본성에는 어떤 것도 우연적으로 주어진 것이 없으며 모든 것은 일정한 방식으로 존재하고 작용하게끔 신적 본성의 필연성에 의해 결정되어 있다.[*]

스피노자가 볼 때 존재하는 모든 것은 신 안에 존재한다. 신의 속성들의 양태, 즉 우주 만물은 우연적으로가 아니라 필연적으로 생긴다. 우리가 세계 안에서 인식할 수 있는 모든 현상은 필연성에 의해 전부 짜인 형태이며 모든 사건은 유일한 실체이자 방식인 신에 의해 전개되는 촘촘히 짜인 우주의 각본이다. 사물들의 본성 속에서 우연이란 결코 허용될 수 없으며 특정한 방식으로 존재하고 활동하기 위해 신의 필연성이 그것을 결정한다. 결국 우연적인 것은 아무것도 없다. 심지어 의지조차도 필연적이거나 강요된 원인이 된다. 우연적이라고 하는 것은 인식의 결함 이외의 것과 다름이 없게 된다.

---

[*] 베네딕트 데 스피노자, 강영계 옮김, 《에티카》, 서광사, 2007, 48~66쪽.

[그림 15] 바뤼흐 스피노자

스피노자는 존재하는 모든 것이 신 안에 존재한다고 보았다.
여기서 '신'은 곧 사물의 본성이다. 우연은 신의 필연성에 대한
우리 인식의 한계일 뿐, 우연과 필연은 상대 개념이 아니다.

스피노자가 말한 신의 정의나 성격을 논하려는 것이 아니다. 논제와 관련하여 우연이 필연과 상대 개념이 아니라는 점을 지적하는 것으로 사유의 역할은 다했다고 본다. 나아가 우연이 가진 또 하나의 속성, 즉 우연처럼 보이는 필연=신의 섭리는 우리의 인식 능력의 한계에 기인한다는 점을 상기하는 것으로 충분하다.

흥미로운 점은 이 인식의 결함이나 한계를 누구도 가늠할 수 없다는 사실이다. 누군가는 깨달음을 통해 이 결함을 메울지는 모르겠으나, 보통 사람이라면 그저 우연이라고 말하거나 시적 언어로 통찰의 일단을 보여줄 수 있을 뿐이다.

둘째, 우연과 필연에 대한 스피노자 같은 인식은 우연이 임의성과도 다르다는 점과 관련된다. 우연이란, 주사위를 던졌을 때처럼 앞서 던져 나온 숫자와 뒤에 던져 나온 숫자가 아무런 상관이 없다는 뜻이 아니다. 주사위를 던졌을 때 4가 나왔다면, 두 번째 주사위를 던졌을 때 4가 나올 확률은 얼마일까? 6분의 1이다. 첫 번째나 두 번째나 서로 영향을 미치지 않는 각각의 독립된 행위이기 때문이다.

스피노자처럼 '신의 속성에서 유래한 필연성'을 근거로 우연을 완전히 부정하지만 않는다면, 또 우리의 인식의 한계를 감안한다면, 사실의 차원에서 우연이란 서로 원인이 다른 여러 사건의 만남이라는 나의 정의는 여전히 유효하다고 생각한다. 가게에 물건을 사러 나갔다가 자동차에 치여 다치는 일부터, 대통령 탄핵 심판이 하필 한겨울이어서 마침 동상 걸렸던 내가 촛불 드는

데 고생했고 따끈한 유자차 종이컵은 본래 용도와 달리 난로 역할을 했던 일까지, 역사에는 서로 원인이 다른 둘 이상의 사태가 만나서 생기는 사건이 많다. 아니, 모든 사건에는 우연이 내재한다.

우연은 사소할 수도, 무지의 소산일 수도 있다. 동시에 우연은 사회적인 산물일 수도 있으며, 매우 중요할 수도, 알면서도 인정할 수밖에 없는 것이기도 하다. 이러한 우연의 복잡성, 다면성 때문에, 우연이라는 문제를 역사에서 논의할 때 마땅한 가닥을 타지 못하고 더 어렵게 되는 것일지도 모른다.

내가 잠정적으로 내린 정의에 따르면 우연은 객관적 조건이나 자유의지에 기초해서 생기는 변주變奏임을 알 수 있다. 날씨예보만큼이나 예측하기 어려운 변주가 지금도 벌어지고 있는 것이다. 길이 엇갈린 연인들의 안타까운 이별에서부터, 전쟁이 그친 평화로운 시기에 태어나 살고 있는 행운에 이르기까지 말이다. 이런 느낌이 과거에 투영될 때, 우리는 아쉬워하고 한탄하기도 하고 안도하고 가슴을 쓸어내리기도 한다.

빅토르 위고의 워털루 전쟁

1815년 6월 17일과 18일 사이의 밤에 비가 오지 않았더라면 유럽의 미래는 달라졌으리라. 몇 방울의 물이 더 많으냐 더 적으냐가 나폴레옹의 운명을 좌우했다. 워털루를 아우스터리츠 승전의 종말이 되게 하기 위해 천심은 조금의 비밖에 필요

치 않았고, 하늘을 건너가는 때아닌 한 조각의 구름은 세상을 뒤집어놓기에 충분했다.[*]

문학작품인 빅토르 위고의 《레미제라블》에서 묘사된 워털루 전투에서 우연의 사례를 찾은 이유는 그가 이 전투에 대한 사료 조사를 마친 다음 워털루 현장을 답사하고 집필했기 때문이다.[**]

1815년 6월 18일, 나폴레옹 군대는 수적으로 우세했다. 특히 포병에 대한 기대가 컸다. 땅이 말랐다면 전투는 아침 6시에 시작되었을 것이다. 그랬다면 전투는 오후 2시에 끝났으리라. 연합군 측 프로이센군에 의해 전세가 급변되기 3시간 전에, 나폴레옹이 승리를 쟁취하고 전투는 끝났을 것이다.

그런데 밤새 비가 왔다. 땅은 소나기로 파헤쳐졌고, 빗물이 대야의 물처럼 들판 두덩이 여기저기에 괴어 있었다. 해가 뜨지 않았다. 첫 포성은 11시 35분에 시작되었다. 오후 4시 영국군은 위험한 상태에 빠졌다. "용암이 벼락과 싸우는" 전투가 지속되며 영

---

[*] 빅토르 위고, 정기수 옮김, 《레미제라블》 2권, 민음사, 2012, 22쪽.
[**] 빅토르 위고, 고봉만 옮김, 《빅토르 위고의 워털루 전투》, 책세상, 2015. 참고로, 코제트가 사랑한 마리우스가 이 혁명에 참가했다가 부상을 당했을 때 장발장은 부상당한 마리우스를 구해 파리의 하수구를 통과하는데, 빅토르 위고는 《레미제라블》 5책(정기수 옮김, 《레미제라블》)에서 상당한 분량을 할당하여 파리 하수구에 대해 묘사했다. 냄새 나는 그 하수구를 꼭 가보고 싶을 정도로 역사적 가치가 높은 해설과 묘사인데 이 역시 실제 사료에 입각한 서술이었다.

국군의 패색이 짙어갈 무렵인 5시, 한 줄의 총검이 고지 너머에서 번쩍거렸다. 프로이센군 블뤼허의 부관 뷜로의 부대였다. 위고는 말한다. 전투가 2시간만 일찍 시작되었던들 오후 4시에는 끝났을 것이고, 블뤼허는 아마 나폴레옹이 승전한 뒤에야 전장에 당도했을 것이라고. 이것이 우리에게 포착되지 않는, 어떤 무한에 어울리는 비상한 우연이다. 연속된 우연들이 몽생장 언덕을 지배하고 있었다.

위고는 우리가 얘기하고 있는 사실의 무수한 구성요소들, 즉 구조, 의지, 우연을 사건의 '무한'이라고 표현했다. 위고의 '무한'은 스피노자의 '무한한 본질을 표현하는 신의 속성'이라는 말을 떠올리게 하는데, 하여튼 위고가 볼 때 워털루 전투의 무한에 나폴레옹의 자리는 없었다. 그것을 천운, 하늘의 뜻이라고 표현하기도 했다. 1815년의 전환을 이룬 워털루 전쟁의 역사적 의미를 '세계의 얼굴을 바꾸는 것'이라고 위고는 보았다. 1815년을 기점으로 유럽 왕정은 '구체제의 강화와 평화 유지'라는 '겁 많은 평화'로 전환했다.[*] 위고의 힘을 빌려 나는 우연을 이렇게 풀었다.

역사에서 우연이 우리에게 아쉬움이나 안타까움, 나아가 숙연함을 남기는 이유는 여기에 있다. 만났으면(일어났으면) 했는데 못 만나고(안 일어났고), 만나지(일어나지) 말았어야 했는데 만났기(일어

---

[*] 에릭 홉스봄, 정도영·차명수 옮김, 《혁명의 시대》, 한길사, 1998, 제5장 평화.

[그림 16] 워털루 전투(몽생장 언덕)

빅토르 위고가 《레미제라블》에서 묘사한 워털루 전투는 연속된 우연들이 지배하고 있었다.
위고는 사실의 무수한 구성요소들, 즉 구조, 의지, 우연을 사건의 '무한'이라고 표현했다.
그림은 전투 장면을 담은 작품을 주로 제작한 샤를 베르네Antoine Charles Horace Vernet와
스웨바흐-데스퐁텐Jacques François Joseph Swebach-Desfontaines이
19세기 초에 그린 〈몽생장 전투, 일명 워털루(1815년 6월 13일)
Bataille de Mont-Saint-Jean, Dite de Waterloo.(Le 18 Juin 1815.)〉.

났기) 때문이다. 거기에 우리는 그 사건의 질서를 다 알지 못한다.

박완서의 6·25

최악의 소식이 왔다. 그 무렵 국도 주변의 들판은 밤이면 후퇴하는 유엔군과 국군들의 야영장으로 변하곤 했는데 큰 건물도 마찬가지였을 것이다. 나중에는 국민방위군과 합쳐졌지만 당시에는 청년방위군이라는 게 있었는데 국군과는 어떻게 다른지 모르지만 아무튼 무장을 하고 그 학교에 주둔하게 되었고, 숙직실에 머물던 오빠는 따뜻한 구들목을 찾는 장교와 같이 자게 된 모양이었다. 그런데 아침나절에 총기를 분해해 점검하던 사병이 잘못해서 총알이 나간 게 오빠의 다리를 관통했다는 것이다.[*]

박완서는 '순전히 기억에 의존해서만' 1940년대에서 1950년대로 들어서기까지의 '진실된 인간적인 증언'을 하고자 소설을 한 권 썼다. 그는 숱한 기억 속에서 취사선택해야 했고, 지워진 기억과 기억을 잇기 위해 상상력으로 연결 고리를 만들었다고 했다. 그 과정에서 같이 겪은 일에 대한 기억이 서로 얼마나 다른지

* 박완서, 《그 많던 싱아는 누가 다 먹었을까》, 웅진지식하우스, 2021, 307쪽.

놀라기도 했다. 우리가 종종 경험하듯이.

이런 글을 소설이라고 불러도 되는 건지 모르겠다는 박완서의 말은 막연히 소설=픽션이라고 생각하고 있던 나를 당황하게 했다. 이 책이 기억과 소설에 대한 이론을 탐색하는 것이 아니기에 여기에서는 "남에게 받아쓰게 할 수 없는 기억, 그러한 회상의 형식이야말로 소설의 적자이자 순종이라는 사실"[*]이라는 화두만 살펴보고자 한다.

'승리의 시간은 있어도 관용의 시간은 있어서 안 되는' 때였던 6·25와 9·28수복, 그리고 1·4후퇴를 거치면서 박완서는 오빠를 잃었다. 소심하지만 지하운동을 하던 오빠는 자녀가 태어날 무렵 그걸 그만두었고, 고양군 고양중학교 국어 선생을 하게 된다. 남한 단독정부 수립과 함께 "오빠처럼 이상주의적인 얼치기 빨갱이에겐 보도연맹이라는 퇴로가 마련되어 있었다." 6·25가 발발했다. 출근했던 오빠는 우연히 만난, 전에 집에서 숨겨주었던 옛 동지 한 트럭과 함께 돌아왔다. 얼이 반 넘게 빠진 엄마는 말했다. "이게 무슨 징졸꼬?" 오빠는 의용군으로 지원하게 되었다.

엄마가 말한 징조는 수복 후 숙부가 처형당하고 부역자 집안으로 따돌림당하는 것으로 나타났다. 그리고 1·4후퇴. 피란을 가야 했다. 그때 사라졌던 오빠가 상거지가 되어 돌아왔다. 심각한 피

---

[*] 김윤식, 〈기억과 묘사〉, 박완서, 《그 많던 싱아는 누가 다 먹었을까》, 325쪽.

[그림 17] 1·4후퇴

강추위 속에 끝없이 이어진 1·4후퇴 피란 행렬.

피란민들이 봇짐을 지거나 달구지에 싣고 서울 남쪽으로 내려가고 있다.

박완서는 《그 많던 싱아는 누가 다 먹었을까》에서 피란 행렬에 함께하지 못한 채

텅 빈 서울 현저동에 남기까지 자신의 가족에게 닥친 갖가지 우연을 말한다.

ⓒ NARA

해망상과 함께. 시민증을 받을 수 없던 오빠가 도민증이라도 받아 피란을 가고자 택한 방법은 전에 근무하던 고양 시골학교로 가는 것이었다. 위 인용문에서 언급한 오빠의 사고는 바로 이 시골학교 숙직실에서 벌어졌다.

　박완서는 오빠를 손수레에 싣고 엄마, 올케, 조카 둘과 함께 현저동으로 왔다. "먹다 남은 밥상이 헤벌어져 있고 총각김치의 이빨 자국이 선명한" 누구네 집으로 들어갔다. 천지에 인기척이라고는 없었다. 박완서는 이 거대한 공허를 본 이가 자신뿐임을 느꼈다.

　　그때 문득 막다른 골목까지 쫓긴 도망자가 획 돌아서는 것처럼 찰나적으로 사고의 전환이 왔다. 나만 보았다는 데 무슨 뜻이 있을 것 같았다. 우리만 여기 남기까지 얼마나 많은 고약한 우연이 엎치고 덮쳤던가. 그래, 나 홀로 보았다면 반드시 그걸 증언할 책무가 있을 것이다. 그거야말로 고약한 우연에 대한 정당한 복수다. 증언할 게 어찌 이 거대한 공허뿐이랴. 벌레의 시간도 증언해야지. 그래야 난 벌레를 벗어날 수가 있다.[*]

[*] 　박완서, 《그 많던 싱아는 누가 다 먹었을까》, 311쪽.

빅토르 위고가 나폴레옹의 워털루 전투에서 하늘이 내린 우연을 보았다면, 박완서는 1·4후퇴로 텅 빈 현저동에서 켜켜이 덮인 우연을 증언할 존재로 자신을 지목했다. 거대한 공허만이 아니라 벌레의 시간을 증언할 증인. 이 증언을 통해 그는 벌레를 벗어나고 싶었고 그렇게 된 듯하다.

지금까지 사실을 구조, 의지, 우연이라는 속성의 결합으로 설명했다. 두 가지만 간단히 정리하고 매듭지으려 한다. 첫째, 구조라고 해서 불변은 아니다. 구조도 시간에 따라 변한다. 둘째, 구조는 자유의지와 대립적이지 않다. 자유의지로 선택한 것이 나중에는 구조가 된다. 내가 자유의지로 역사학과를 선택했는데, 나중에는 역사학과가 나의 조건이 되듯이 말이다.

객관적 조건과 구조를 고려하지 않으면 상황을 설명할 수 없다. 구조를 생각하지 않으면 세상을 바꿀 수 없다. 자칫 빈곤, 불의, 범죄 같은 사회의 문제를 개인의 노력 부족으로 환원시킨다. 한편 구조만 고려하면 사태를 설명할 수 있을지 몰라도 '사람'이 사라진다. 구조만 따지면 인간이 책임질 일도 없고 인간에게 책임을 물을 수도 없게 된다. 앞으로 역사학의 오류 중 많은 경우가 구조, 의지, 우연 등 세 요소에 대한 설명이나 고려를 빠트렸거나 충분히 하지 않았기 때문에 발생했다는 사실을 알게 될 것이다.

03

사실과 해석의 연관

1492년 콜럼버스와 선원들이 칼을 든 채 기이한 소리를 내뱉으며 해변에 닿자 아라와크족은 그들을 맞이하러 달려 나왔고 음식과 물, 선물을 가져다줬다. 훗날 콜럼버스는 항해일지에 이렇게 적었다.

그들은 탄탄한 체구에 잘생긴 외모를 지닌 건장한 사람들이었다. 이들은 무기를 가지고 있지 않으며 심지어 무기가 무엇인지조차 모른다. 내가 칼 한 자루를 보여주자 아무 생각 없이 칼날을 쥐다가 손을 베이기도 했다. 이들에게는 철이 없다. 이들의 창은 막대기에 불과하다. 이들은 좋은 하인이 될 듯하다. 50명만 있으면 이들 모두를 정복해서 마음껏 부릴 수 있을 것이다.

[그림 18] 아라와크족 학살

1492년 콜럼버스와 선원들이 해변에 닿자 아라와크족은
그들에게 음식과 물, 선물을 가져다줬다. 그러나 아라와크족의 귀에 달린
황금 장식을 본 콜럼버스는 그들을 노예로 스페인에 팔거나 사냥개를 풀어 붙잡아 죽였다.
그림은 개들에게 공격당하는 아라와크족의 모습을 묘사한 드 브뤼Johann Theodor de Bry의
《위대한 여행Les Grandes Voyages》(1596) 삽화.

콜럼버스 말대로 되었다. 콜럼버스가 도착했던 바하마 섬의 아라와크족은 유럽인들을 맞아 무엇이든 나누려고 했던 아메리카 대륙의 원주민들과 비슷했다. 하워드 진은 "이런 모습은 로마교황의 종교와 국왕의 정부, 서구 문명을 특징짓는 돈에 대한 열망, 그리고 이런 문명을 아메리카 대륙에 처음 전한 크리스토퍼 콜럼버스 등이 지배하던 르네상스기의 유럽에서는 결코 볼 수 없는 특성이었다"라고 했다.[*]

콜럼버스가 원한 것은 황금이었다. 아라와크족의 귀에 달린 조그마한 황금 귀걸이가 금광에 대한 그의 열광을 불러일으켰다. 콜럼버스의 과장된 보고에 스페인 국왕은 17척의 배와 200여 명의 선원을 내주었다. 이들의 목표는 노예와 황금이었다. 아라와크족은 '성부, 성자, 성령의 이름으로' 스페인에 노예로 팔려갔다. 남은 아라와크족은 도망치거나 사냥개를 풀었던 선원들에게 붙잡혀 죽어갔다.

아라와크족은 저항군을 모아 갑옷과 머스킷 총, 칼, 말을 보유한 스페인인들과 맞섰다. 스페인인들은 아라와크족 포로의 목을 매달거나 불태워 죽였다. 아라와크족은 스페인인들의 손에서 어린아이를 구하기 위해 자기 손으로 아이들을 죽이는 비극을 경험해야 했다. 2년 동안 학살과 수족 절단, 자살로 아이티의 원주민

---

[*] 하워드 진, 유강은 옮김, 《미국민중사》 1, 이후, 2008, 16쪽.

25만 명 가운데 절반이 목숨을 잃었다.[*]

원인 또는 '왜'

이 무렵 젊은 성직자 라스 까사스Bartolomé de las Casas가 침략에 참여했다. 그는 원주민 노예를 부리는 대농장을 소유하기도 했지만 곧 그만두었고, 스페인의 잔학성을 고발하는 비판자가 되었다. 보르헤스Jorge Luis Borges는 그와 관련하여 다음과 같이 비꼬았다.

> 1517년 바르똘로메 데 라스 까사스는 안띠야스 제도의 금광에서 혹독한 노동에 시달리던 원주민(인디언)들에게 몹시 연민을 느꼈고, 황제 까를로스 5세에게 후에 안띠야스 제도의 금광에서 혹독한 노동에 시달리게 될 흑인 노예들의 수입을 건의했다. 한 박애주의자의 이러한 야릇한 이율배반성으로 인해 셀 수도 없이 많은 사건이 일어났다. 핸디의 블루스 음악, 우루과이 출신 화가이자 박사였던 뻬드로 피가리가 파리에서 이룩한 성공, 역시 우루과이 출신인 비센떼 로시의 아름다운

* 콜럼버스의 아메리카 원주민 학살은, 하워드 진, 유강은 옮김, 《미국민중사》1, 1. 콜럼버스, 인디언, 인간의 진보 참고. 1650년의 보고서에 따르면 이 섬에 아라와크족은 한 사람도 남아 있지 않았다.

야생적 산문, 에이브러햄 링컨의 신화적 위대성, 미국의 남북 전쟁에서 사망한 50만 명, 군 연금으로 지출된 33억 불, 전설적인 팔루초의 동상, 격렬한 영화 '할렐루야', 마르띤 피에로가 죽인 흑인, 흑인의 춤 깐돔베.[*]

라스 까사스는 콜럼버스의 일지를 베껴뒀고 《인디아스의 역사》를 집필했다. 그는 아메리카 원주민에 대한 착취에는 비판적이었지만 대신 흑인 노예를 부리자고 제안하는 이율배반적 태도를 보였다. 보르헤스는 이를 염두에 두고 흑인 노예가 들어온 이후의 숱한 사건들을 위와 같이 언급했다.

보르헤스가 까사스의 이중성이 낳은 결과, 달리 말하면 까사스의 이율배반이 원인이 되어 발생한 훗날을 나열한 데에 다분히 비꼬는 의도가 담겨 있음은 쉽게 알 수 있다. 아무렴 블루스 음악부터 깐돔베 춤까지가 흑인 노예를 부리자는 까사스의 주장 때문에 발생했겠는가.

우리는 역사를 공부하면서 '그 일이 왜 일어났을까?'라는 궁금증을 갖는 것이 자연스럽다고 생각한다. '왜'는 원인에 대한 탐구이다. 원인이란 '어떤 사물이나 상태를 변화시키거나 일으키게

---

[*] 호르헤 루이스 보르헤스, 황병하 옮김, 《불한당들의 세계사》, 민음사, 1994, 15~17쪽.

• [그림 19] 라스 까사스 신부
라스 까사스 신부는 콜럼버스의 침략에 참여하여 원주민 노예를 부리는 대농장을 소유했다.
하지만 곧 그만두고는 스페인의 잔학성을 고발하고 강하게 비판했다.

•• [그림 20] 호르헤 루이스 보르헤스
보르헤스는 라스 까사스가 아메리카 원주민 착취는 비판하면서
흑인 노예를 부리자고 제안하는 이중성을 폭로했다.

하는 근본이 된 일이나 사건'이다.[*] 옥스포드 영어사전에서는
'어떤 효과를 낳거나 행위, 현상, 조건을 야기하는 것. 원인과 결
과는 서로 짝으로 쓰는 용어That which produces an effect; that which
gives rise to any action, phenomenon, or condition. Cause and effect are
correlative terms'라고 설명했다.[**]

하지만 의외로 우리가 당연하게 생각하고 있는 인과 관계
causality나 원인에 대한 탐구에 부정적인 학자들도 많다. 카프카나
사르트르, 러셀 같은 학자들도 인과론에 대해 회의적이었다. 역
사학자 중에서도 그런 경우가 많은데, 하워드 진은 다음과 같이
말했다.

나는 원인과 옥신각신하지 않을 것이다. 왜냐하면 원인이란
것이 주제의 핵심이라는 것을 인정하게 되면 우리는 사람들
을 당황하게 할 뿐만 아니라, 안 좋은 경우에는 꼼짝 못하게
만드는 뭔가를 만들어내야 하기 때문이다. 인과 관계란 단지
복잡한 것만이 아니다. 어떤 새로운 철학자들에 따르면 그것

* 국립국어원, '원인', 《표준국어대사전》(https://stdict.korean.go.kr), 검색일: 2021년 5
월 15일.
** Oxford English Dictionary, 'cause'(http://www.oed.com), 검색일: 2021년 5월 15
일. 동시에 사물의 조건, 행위의 근거나 이유, 동기(A fact, condition of matters, or
consideration, moving a person to action; ground of action; reason for action, motive)까지도 원인
으로 본다.

은 해결 불가능한 문제이다. 아마 그것은 우리 자신과 현실 사이에 언어의 장애물을 설치하려는 성향이 만들어낸 형이상 학적 수수께끼의 하나인지도 모른다.[*]

얼마나 난감했으면 하워드 진이 장애물, 수수께끼라는 용어까 지 동원했을까. 그는 원인이 아니라 결과에 집중하자고 주장했 다. 하워든 진과 비슷한 생각에서 역사학자들이 원인이라는 용어 를 치우고 대신 '영향influence', '원동력impulse', '요소element', '뿌 리root', '기초base', '토대foundation'와 같은 표현을 썼는지도 모른 다. 이 용어들뿐 아니라 비슷한 용어는 다 가져다 썼을 것이다. 그 렇다고 원인에 대한 향수가 없어진 것은 아니다. 모호하다고 해 도 역사 탐구는 태생적으로 원인에 대한 궁금증을 피할 수 없기 때문이다.

이 글은 할리카르낫소스Halikarnassos 출신 헤로도토스가 제 출하는 탐사 보고서이다. 그 목적은 인간들의 행적들이 시간 이 지나면서 망각되고, 헬라스인들과 비헬라스인들의 위대하 고도 놀라운 업적들이 사라지는 것을 막고, 무엇보다도 헬라 스인들과 비헬라스인들이 서로 전쟁을 하게 된 원인을 밝히

---

[*] Howard Zinn, *The Southern Mystique*(1964)(South End Press, 2002), p. 7.

[그림 21] 하워드 진
역사에서 '왜 그런 일이 일어났는가'라는 원인에 대한 탐구는 자연스러운 일이다.
그러나 인과 관계 혹은 원인에 대한 탐구에 부정적인 학자들도 많다.
하워드 진은 원인이 아니라 결과에 집중하자고 주장했다.

는 데 있다.[*]

헤로도토스가 《역사》를 저술한 이유이다. 헬라스인과 비헬라스인들의 전쟁이란 페르시아 전쟁을 말한다. 무지막지한 왜곡을 수반한 영화 〈300〉의 모티브도 헤로도토스의 이 책에서 나왔다. 인류의 가장 오랜 역사서 중 하나인 《역사》의 출발이 ① 업적에 대한 기억과, ② 전쟁의 원인 탐구였다는 점에서 '원인'에 대한 역사의 오랜 유전자를 감지할 수 있다.

왜적이 침략한 임진왜란이라든지, 안중근 의사가 하얼빈에서 이토 히로부미를 저격했다든지 하는 것처럼 원인이 딱 보이는 경우도 있다. 그러나 이마저도 가까운 원인, 먼 원인이 있다. 산업혁명이나 프랑스대혁명, 한반도 남북분단의 원인은 복합적인 데다 얽혀 있다.

사실과 해석의 관계를 논의하는 이 장에서 원인, '왜'의 문제를 먼저 제기하는 이유는 이 문제가 역사의 해석과 가장 밀접하기 때문이다. 기실 사건의 원인을 인과적으로 이해하는 데 회의적인 역사학자와 원인 규명을 핵심으로 생각하는 역사학자의 거리는 멀지 않은 것으로 보인다. 기계적 인과론이 아닌 역사적 사건의 인과는 이미 말했듯이 동기, 배경, 토대, 영향 등 여러 용어를 오

* 헤로도토스, 천병희 옮김, 《역사》, 도서출판 숲, 2009, 24쪽.

가며 사용되기 때문이다. 그런 점에서 보면 원인 규명에 회의적이었던 하워드 진과 원인을 알려고 탐구했던 헤로도토스, 그들은 탐구하던 사건을 설명하려고 했던 점에서 같다.

어떤 사건을 설명한다는 것은 설명을 위해 이론이나 해석이 들어오는 것을 뜻한다. 설명이란 역사학자의 구성 행위이기 때문이다. 이 과정에서 사실fact은 증거evidence로 바뀌게 된다. 사실은 역사학자의 관심 여부에 상관없이 존재한다. 그러다가 어떤 사건을 설명하는 증거로 사용됨에 따라 그 사실은 성격이 완전히 달라진다. 이제는 해석의 증거가 되는 것이다. 이를 두고 에번스는 '사실'은 개념상 해석에 선행하는 반면, 해석은 증거에 앞선다고 했다.[*] 에드워드 카는 사실의 증거로의 전환, 그 차이를 혼동함으로써, 이미 1장에서 살펴보았듯이 사실과 해석에 대한 논의에서 우왕좌왕했던 것이다.

사실과 사건

이왕 말이 나왔으니 한 가지만 더 짚겠다. 나는 원래 역사 공부에서 사실과 사건을 나누는 것이 별 의미를 갖지 못한다고 생각해왔

---

[*] 리처드 에번스, 《역사학을 위한 변론》, 115~116쪽.

다. 사실은 사건을 이루는 인자로 보면 된다고 여겼던 것이다. 그런데 헤이든 화이트는 '사건은 발생한 어떤 것이지만, 사실은 역사가가 구성한 것 또는 과거의 잔존물, 문서 속에 존재하는 것'으로 봤던 모양이다. 사건을 '발생한 어떤 것'으로 본다면 이미 사실과 다를 바 없다. 오히려 사건이야말로 문서나 유적에도 남아 있지만 역사가의 구성물일 가능성이 크다. '5·18광주민주화항쟁', '코로나 팬데믹'이라는 사건은 해당 사건을 연구한 역사학자의 판단에 따라 그 범위가 다르게 나타나지 않겠는가. 에번스 역시 비슷한 생각이었다.

역사 용어에서 사실이 사건이어야 할 필요는 없다. 예컨대, 그것은 특정한 장소에서 이제는 사라진 지 오래된 건물일 수 있다. 또는 두 국가의 국경, 정부 각료가 소유한 주식이나 유가 증권, 어떤 활동에 대한 법적 금지, 정치인과 창녀의 사통, 전함이나 탱크의 장갑판 두께, 또는 사물들의 어떤 범위일 수도 있다. 이것들이 비록 사건과 연결된다고 하더라도 역시 이들 가운데 어느 것도 '사건'으로 묘사될 수 없다. 사건은 사실이지만, 사실이 모두 사건이 되는 것은 아니다.[*]

* 리처드 에번스, 《역사학을 위한 변론》, 115~116쪽.

역사학은 사건만 다루지 않는다. 사건이 되기 전 무수한 사실을 다룬다. 사건이 중시되는 분야의 역사, 예를 들어 정치사, 전쟁사에서도 마찬가지이다. 자료 더미에 파묻혀 지낸다는 말은 과장이 아니다. 사건은, 문서고記錄館(Archives)의 먼지를 뒤집어쓰고 있는 사실의 집합이거나 또는 그 집합에 기초하여 역사학자가 생각하는 구성의 하나이다.

해석은 재현의 산물인가

이제 방향을 바꿔 해석이라는 주제를 살펴보자. 1장에서 '역사는 해석'이라는 바이러스의 창궐에 대해 언급한 바 있다. 키스 젠킨스는 "역사가 해석이고 역사학이 역사가의 저술이라면, 그 경우에 실제로 역사에 대한 '적절한' 연구가 되어야 할 것은 바로 역사 서술이다. 역사학 자체는 단순히 담론이자 응축된 해석이기 때문이다"라고 단언한 바 있다. 그러다 보니 그는 역사학자가 진정한 생각을 갖고 과거를 포착하는 것이 아니라 소설가와 마찬가지로 그렇게 하는 듯한 모습만 보여준다고 타박한다.[*] 젠킨스 같은 이들이 주장하는 바는 '재현' 논쟁을 통해 확대되었다. 과거 스스로가

[*] 키스 젠킨스, 최용찬 옮김, 《누구를 위한 역사인가Rethinking History》, 혜안, 1999, 40~57쪽.

[그림 22] 키스 젠킨스

키스 젠킨스는 '역사는 해석'이라는 관점 아래 역사학자는 실제가 아니라
그럴 듯한 과거만 보여준다고 말한다. 과거는 누군가가 구성해야 하는 것이며,
역사는 그러한 구성=재현의 산물이라는 것이다. 나는 그의 이런 견해를 경계한다.
하지만 도덕적 상대주의나 인식론적 회의주의를 다름에 대한
사회적 관용과 인정으로 이해한다(158쪽)는 그의 안목을 존경한다.

말할 수는 없으니, 과거는 누군가가 구성해야 하고 따라서 역사는 이러한 구성=재현의 산물이라는 것이다.

이런 견해는 대체로 세 방향에서 어렵지 않게 비판할 수 있다. 첫째, 젠킨스의 이 용감한 단언에는 역사와 역사 서술의 동일시가 담겨 있다. 그는 역사학의 목적이 역사가를 연구하는 것이지 과거의 경험을 연구하는 것이 아니라고 생각한다. 사실 포스트모더니즘 일각에서 제기되는 역사학에 대한 태클은 이 정도의 오류 지적으로 대개 정리가 가능하다. 그들의 비판이 깊이 있는 역사학의 소양에서 출발한 것이 아니기 때문이다.

둘째, 사실에 대한 아주 초보적인 역사학계의 구분, 즉 1차 사료와 2차 사료의 개념을 통해 젠킨스류의 주장을 살펴보는 것도 좋겠다. 나는 1차 사료, 2자 사료리는 구분이 무용하지는 않으나 모호한 데가 있어서 잘 사용하지 않지만,[*] 현재의 논의에서는 일반적인 의미에서 쓸 수 있을 듯하다.

1차 사료, 2차 사료는 베른하임의 말이다. 그는 사료를 ① 직접 관찰과 기억Erinnerung, ② 전승 기록Tradition, ③ 유물이나 유적Überreste으로 나누고, ②의 전승 기록을 다시 구비口碑, 문자, 도화圖畵로 나누었다.[**] 즉 문자 전승 기록 가운데, 본원 기록을 1차

---

[*] 오항녕, 〈역사학과 기록학〉, 《기록학연구》 54, 2017, 195쪽: 오항녕, 《실록이란 무엇인가》, 역사비평사, 2018, 532~534쪽.

[**] 에른스트 베른하임, 박광순 옮김, 《역사학 입문》, 범우사, 1985, 제3장 역사학

기록, 유도 기록을 2차 기록으로 불렀다. 본원 기록이라 함은 이후 모든 전승, 전달, 인용, 이야기의 출발이 되는 기록을 말한다. 이를 1차 기록이라고 불렀고, 여기서 나오는 이후의 기록들, 그러니까 요약이나 인용, 가공을 거치면 2차 기록이라고 불렀다.

역사학의 사실이 단순히 재현이라는 주장이 과연 1차 기록, 2차 기록이라는 엄밀하지는 않지만 역사학의 일반적인 구분을 통과할 수 있을까? 예를 들어보자.

① 주제 탐구 《열하일기》를 통해 본 박지원의 북학론: '친명 의식에 빠진 양반들을 비판하다'*

박지원의 《열하일기》에 실린 〈호랑이의 꾸짖음[虎叱]〉의 일부, 더 정확히 말하면 〈호랑이의 꾸짖음–후기[虎叱後識]〉의 일부를 발췌하여 교과서에 '주제 탐구'로 제시되었던 글이다. 제시한 사료에 대한 설명으로 '친명 의식에 빠진 양반들을 비판하다'라고 요약했다. 이 요약은 2차 기록이라고 할 수 있다. 우리의 목적에 충실하기 위해 위 교과서가 근거한 1차 기록을 보겠다.

②–1 7월 28일. 아하! 명나라의 은택은 이미 다 말라버렸다.

의 연구수단, 제2절 사료학.
* 《고등학교 한국사》, 천재교육, 2020, 72쪽.

중국에 사는 선비들이 자발적으로 오랑캐의 제도를 좇아서 변발을 한 지도 백 년이 되었건만, 그래도 오매불망 명나라 왕실을 생각하는 까닭은 무슨 이유인가? 중국을 차마 잊지 않으려는 것이다.

②-1은 위 교과서에서 인용된 1차 기록이다. 우선 이것만으로도 박지원의 뜻은 '친명 의식에 빠진 양반들을 비판'한 것으로 보이지 않는다. 왜냐하면 중국 선비들은 변발을 했는데 조선에서는 주체성을 지니고 변발을 하지 않았다는 사실, 그것은 중국을 잊지 않으려는 태도라고 평하고 있기 때문이다. 이 점은 ②-2의 사료를 보면 더 분명해진다.

②-2 중화中華와 이적夷狄의 구별이 뚜렷하겠지마는 하늘로서 본다면 …… 제각기 때를 따라 변하였으니, …… 이런 문제로써 옛 성인의 말씀에 체험하여도 맞지 않으면 "이건 천지의 기수氣數가 그런 것이다" 한다. 아아, 슬프다. …… 명나라 은택이 말라버린 지 이미 오래여서 중국의 선비들이 스스로 변발을 한 지도 백 년의 요원한 세월이 흘렀지만 오매불망 가슴을 치며 명나라 황실[明室]을 생각하는 것은 무슨 까닭인가. 중국을 차마 잊지 못하는 것이다. 그러나 청나라도 계책이 허술하다 하겠다. …… 언제나 스스로 그들의 옷과 벙거지를 부끄러워하지 않음이 없건마는, 오히려 강약의 형세에만 마음

을 두니 그 어찌 어리석은 일이 아니겠는가. …… 어리석은 인민들이 한번 일어나서 그들이 썼던 벙거지를 벗어서 팽개 친다면, 청 황제는 앉은 자리에서 천하를 잃어버리게 되리니, 지난날 이를 믿고서 스스로 강하다고 뽐내던 것이 도리어 망 하는 단서가 되지 않겠는가. …… 이제 이 글 중에 '호질'이란 두 글자를 따서 제목을 삼아 저 중원의 혼란이 맑아질 때까지 기다릴 뿐이다.[*]

②-2를 보면 ①의 교과서 주제의 요약과 전혀 다름을 더 구체 적으로 알 수 있다. ②-2는 박지원이 청나라의 득세를 '천지의 기 수(운수)가 이와 같은 것이다'라고 체념하는 사람들을 비판하면서, 중국이 '맑아지기를' 강력히 희망하는 내용이다. 교과서의 설명(여 기서는 해석)은 1차 사료에 비춰 봤을 때 불충분하거나 부정확하다.

이렇게 1차 사료(기록), 2차 사료(기록)의 구분에 따라 사실의 재 현이 전혀 다른 사례는 무수히 많다. 그러니까 역사를 '텍스트 재 현' 수준으로 인식하는 젠킨스류의 견해는 베른하임의 사료학 수 준에서 볼 때도 일부, 즉 2차 사료의 일부에만 적용되거나 아예 적용될 수 없는 것이다.

---

[*] 박지원, 《열하일기》 7월 28일, 〈관내정사關內程史 호질후지虎叱後識〉. 이 인용도 내가 번역했고 일부 생략했으니 이미 1차 기록은 아니라는 논의가 있을 수 있 다. 지면상 줄인 것이니 양해 바란다.

셋째, 젠킨스 같은 견해가 역사학 또는 역사 탐구에 대해 얼마나 좁은 소견에서 나온 것인가는 〈표 1〉을 보면 쉽게 알 수 있다.[*] 〈표 1〉은 역사-인간의 주체와 산출물을 세 범주로 나누어 예시한 것이다.

〈표 1〉 역사-인간의 주체와 산출물

	주체	산출물
1범주 흔적	나, 학생, 공무원, 과학자, 언론 ……	일기/편지, 일지/공문서, 숙제, 실험보고서, 취재노트……
2범주 전달=저장기억	나/자손의 기억, 기록관/박물관/도서관, 역사학자, 선생님 ……	일기, 족보, 전시 또는 폐기, 문집, 교사校史……
3범주 이야기=기능기억	나/자손, 영화감독, 역사 연구자, 소실가, 기업 ……	평전/자서전, 드라마/영화, 교과서, 저술/ 논문, 게임/ 역사체험……

1범주는 사람이 살았던 흔적이자 기록이다. 역사-인간이 살면서 남기는 흔적으로, 친구에게 보낸 SNS 문자나 편지, 학교 숙제나 시험, 과학자의 실험보고서, 공무원이나 회사의 공문 등으로 남는다. 살다 보니 남는 것이다.

2범주는 이런 흔적을 자연스럽게 또는 목적을 가지고 다음 세대로 보존하거나 전달하는 일이다. 기록관이나 박물관, 도서관이

---

[*] 오항녕, 《호모 히스토리쿠스》, 개마고원, 2016, 80쪽.

이런 일을 하는 3대 문화기관으로 알려져 있다. 시나 편지를 모아 문집을 편찬하는 일이나 학교에서 50주년, 100주년 교사를 편찬하는 것도 포함될 수 있다.

3범주는 그렇게 보존, 전달된 흔적으로 과거를 연구하거나 응용 프로그램을 만들어내는 일이다. 전달된 기록으로 인물에 대한 평전을 쓰거나, 어떤 사건이나 시대에 대한 논저를 내는 것이 여기에 속한다. 나아가 드라마나 영화, 게임을 만드는 데 역사의 경험을 소재로 활용할 수 있다. 드라마와 영화 등의 영상화는 사실과 허구의 경계에 대한 논의가 필요하고 진행 중이다. 게임은 사실이 소재로 쓰이기는 하지만 성격상 역사의 범주에 넣기 어렵다. 다만 역사 소비라는 관점에서 역사 연구의 주제가 되는 것도 현실이다.[*]

이렇게 세 범주 모두 역사의 영역이고, 전부 또는 일부가 역사–행위이자 역사–활동이다. 아마 재현이 논란이 된다면 그것은 '3범주 이야기=기능기억'의 영역에서일 것이다. 3범주로 갈수록 주관성이 커진다. 반드시 그렇지는 않지만 게임이나 드라마 같은 경우는 허구성이 커질 수도 있다.

역사가는 사실을 재현하는 것이므로, 결국 '역사는 텍스트의 하나일 뿐'이라고 주장하는 것이 일리가 없는 것은 아니다. 역사

---

[*] 제롬 드 그루트, 이윤정 옮김, 《역사를 소비하다—역사와 대중문화》, 한울아카데미, 2014, 9장 히스토리 게임.

서술이나 탐구에는 그렇게 주장할 만한 활동 영역이 있다. 그렇다고 늘 타당한 말은 아니다. 이는 1차 사료와 2차 사료에 대한 논의, 역사의 세 범주에 대한 논의에서 확인할 수 있다.

사실과 해석의 연관

해석이란 '사물이나 행위 따위의 내용을 판단하고 이해하는 일'[*]이다. 스키너는 해석이 중요한 역할을 하는 사상사에서 해석은 상반된 두 가지 의미로 설명된다고 보았다. 하나는 사상을 담은 저술과 읽는 사람의 상호작용을 강조하고 현상학적 차원에서 해석이 필요하다는 견해이다. 다른 하나는 저술에는 반어, 비유, 기타 상징과 비유의 효과를 낳는 온갖 표현이 들어 있어 복잡하므로 '독자가 좀 더 쉽게 다가갈 수 있도록' 해석이 필요하다는 견해이다.[**]

스키너는 두 견해가 상반된다고 말했지만 내가 보기에 둘은 상반된 것이 아니라 서로 다른 차원의 문제이다. 전자는 저자의 의

---

[*] 국립국어원, '해석', 《표준국어대사전》(https://stdict.korean.go.kr), 검색일: 2021년 5월 16일.

[**] 퀜틴 스키너, 〈동기, 의도, 해석〉, 제임스 탈리 편, 유종선 옮김, 《의미와 콘텍스트》, 아르케, 1999, 146~147쪽.

도와 독자의 독해 차이이고, 후자는 해설의 차원이다. 둘은 항상 같이 붙어 다닌다. 예컨대 공자의 《논어》, 이이李珥의 《성학집요聖學輯要》 같은 저서를 역사적으로 연구할 때 글자의 해석부터 문장, 사상의 의미까지 해설이 필요하기도 하고, 해석학의 수준에서 고도의 문헌 비판, 논리 비판을 수행할 필요도 있기 때문이다. 스키너가 ① 저술의 본문뿐 아니라 저술이 논하는 현안 또는 주제를 다루는 당시의 관습에 주목하라, ② 저자의 정신세계, 곧 그의 경험에 입각한 신념의 세계에 초점을 맞추라고 말했는데,[*] 바로 그 말이 그 말인 것이다. 독해와 해설 둘 다 중요하다는 정도의 말이면 충분하다.[**]

[*] 퀜틴 스키너, 〈동기, 의도, 해석〉, 제임스 탈리 편, 《의미와 콘텍스트》, 163~165쪽.
[**] 이우창은 역자 주에서 "스키너의 《근대 정치사상의 토대》는, 근대 정치사상의 핵심인 공화주의와 헌정주의, 인민 주권론의 기원을 중세 후기로 끌어올리고 있다. 이후의 저작에서 스키너는 근대 정치사상의 뿌리를 찾아 다시 고대 로마로부터 이어져 내려오는 키케로적 전통으로까지 올라갔다"고 했다. 리처드 왓모어, 이우창 옮김, 《지성사란 무엇인가》, 오월의봄, 2020, 138쪽. 이 말대로라면 스키너가 '과거에서 현재를 발견하는 시도'를 비판하던 자신의 주장을 뒤엎는 또 다른 목적론이 된다. 왓모어도 역시 "스키너는 자신의 선택이 명백히 목적론적이라는 점에서 정작 스스로가 제시한 방법론에 들어맞지 않는다는 널리 퍼진 비판을 인정한다"고 했다. 《지성사란 무엇인가》, 150쪽. 내가 보기에 이는 두 가지를 보여준다. 첫째, 본문에서 짧게 언급했듯이 스키너의 방법론(?)이 가진 번쇄함과 모호함에 원인이 있다. 둘째, 역사를 이렇게 저렇게 연구 또는 서술해야 한다고 주장하는 것과, 실제로 그대로 연구 또는 서술하는 것이 얼마나 다른 일인가를 보여주는 사례일 것이다.

이쯤에서 당초 사실이란 무엇인지 논의했던 지점으로 돌아가 보자. 사실과 해석의 연관은 두 측면에서 살펴볼 수 있다. 먼저 사실-해석의 '외적 연관'이다. 탐구자, 연구자는 주제에 대한 관심, 가치관, 이념 등을 통해 사실과 만난다. 그리고 사실, 사건을 설명하면서 의미를 부여한다. 흔히 어떤 논문이나 저서를 이해하려면 그 역사가를 알아야 한다는 말이 가리키는 바로 그 연관이다. 우리가 통상 해석이라고 부르는 것은 이 '외적 연관'이다.

이와 달리 2장에서 이미 살펴본 사실의 세 요소인 구조, 의지, 우연과 연관시키면 사실-해석의 난제를 다룰 수 있다. 이를 사실의 속성 자체에서 유래하는 해석이라는 점에서 '내적 연관'이라고 부르고자 한다.

역사학자의 해석은 사실의 세 요소에 의해 일차로 규정을 받는다. 여기서 규정을 받는다는 말은 해석을 요구받는다는 말과 같다. 어떤 사건을 탐구하는 역사학자의 관심 이전에 이미 눈앞에서 강제되는 바가 있다는 말이다. 그런 점에서 이는 해석 이전의 해석이자 이해이며, 사실-해석의 외적 연관에 앞서 사실에 담겨 있다. 그것은 사실에 이미 사람들의 의도, 생각, 목적 등 해석을 기다리는 요소가 들어 있기 때문이다.

사실에는 그 사실을 발생시킨 사람들의 의지가 들어 있다고 했다. 북아메리카 미시시피강 동부의 비옥한 땅에서 살던 색족Sacs과 폭스족Foxes 인디언을 서부 척박한 땅으로 내몰던 앤드루 잭슨

[그림 23] 앤드류 잭슨 동상

사실에는 그 사실을 발생시킨 사람들의 의지가 들어 있다. 의지는 사실을 통해 확인 가능하다. 북아메리카 미시시피강 동부의 비옥한 땅에서 살던 색족과 폭스족 인디언을 서부 척박한 땅으로 내몰았던 미국의 제7대 대통령 앤드루 잭슨의 행위에서 그의 의지를 확인하는 것은 어렵지 않다.

Andrew Jackson(1767~1845)[*]의 의지를 확인하는 것부터 학과 발표회 준비에 열중인 학우의 생각을 아는 것까지, 의지는 사실을 통해 확인하기가 어렵지 않다. 아니, 우선은 덜 어렵다고 말해두자.

우연에도 의지는 들어 있다. 우연처럼 보이는 잠정적 인식의 한계는 일단 차치하자. 인간이 과학이나 지혜의 부족 때문에 사태를 이해하지 못해서 벌어지는 일을 역사학에서는 '역사의 한계'라고 한다. 이건 다음 시대를 기다려야 한다. 허나 앞서 "서로 목적이 다른 두 개 이상의 행위(사실)가 만나거나, 서로 목적이 같은 두 개 이상의 행위(사실)가 만나지 못하는 것"이라고 정의한 우연 개념에 따르면, 이미 거기에 겹겹의 구조와 의지가 담겨 있게 마련이다.

구조도 마찬가지이다. 인간의 선택이 구조나 조건으로 바뀌는 '학과=전공 선택'을 필두로, 의지가 구조에 배어 있는 경우가 적지 않게 발견된다. 심지어 국적이나 성별의 선택도 마찬가지이다.

그러므로 왜=원인에 대한 탐구와, 사실에 배어 있는 의도에 대한 탐구는 우리로 하여금 해석하도록 강요하고 있다고 말할 수밖에 없다. 사실을 마주하는 순간 피할 수 없는 숙명이 된다. 사실은

---

* 미국의 7대 대통령이었던 그는 토지 투기업자이자 상인, 노예무역상이기도 했다. 또한 그는 아메리카 원주민인 인디언에 대한 가장 호전적인 인물이었다. 1830년대 체로키족 인디언의 '눈물의 행렬Trail of Tears'로 끝난 인디언 약탈과 몰살의 주범이기도 했다. 폴 리비어 앤 더 레이더스Paul Revere & The Raiders의 명곡 〈인디언 보호구역Indian Reservation〉은 체로키족을 기리는 곡이다.

그런 점에서 본원적으로 해석을 호출한다.

　사실은 그 자체로 거기에 담긴 인간의 과거 행위를 이해하도록 요구한다. 이 요구를 역사가는 받아들인다. 이것이 첫 번째 과거와 현재의 대화가 된다. 그 사실 자체에 관심을 갖고 의의를 부여하는 역사가의 해석은 두 번째 과거와 현재의 대화를 이끈다. 이렇게 사실과 해석의 내적 연관, 외적 연관의 만남이야말로 과거와 현재의 대화가 된다.

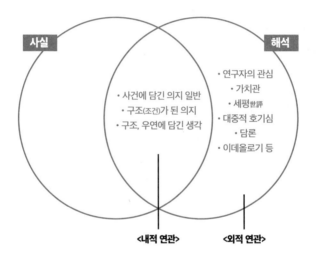

[그림 24] 사실과 해석의 내적·외적 연관성 개념도

04
사실의 기록, 정리, 이해

역사—인간은 사실을 남기고, 전하고, 이야기한다. 한편 역사학도의 활동에서 중요한 부분은 사료의 발굴, 선별, 정리 등 이를 이용하기 위한 준비로 이루어진다. 이 말은 일반 사람과 역사학도의 경계가 흐릿할 수 있다는 뜻이다. 그만큼 역사학은 인간의 삶에 가깝다. 왜 아니겠는가? 주변의 사건, 상황, 그리고 그것들의 연관이 역사의 대상이다. 그러다 보니 누구나 역사학도가 될 수 있다.

인간의 삶과 뗄 수 없는 결합에서 역사학의 약점과 강점이 나온다. 이 결합은 역사의 기준을 끝없이 변화시키고 역사의 확실성을 위태롭게 한다. 그러나 인간 삶과의 접목은 역사에 보편성과 의의 및 성실성을 부여한다.[*] 이 약점을 강점으로 바꾸는 과정이 곧 삶의 흔적을 사료로 바꾸는 일이다. 흔적은 당장 먹을 수 있는 밥으로 존재하는 것이 아니다. 먹을 수 있는 쌀을 남기고 돌을 골라내야 한다. 이렇게 사료는 햇빛 아래 널려 있지 않다. 다른 학문보다 역사학에서는 사료로부터 지식으로의 길이 보다 길고 보다 어려울 뿐만 아니라, 무지에서부터 사료를 발굴하기까지의 길도 벅찬 경우가 많다.[**]

이 길이 사실과 해석을 연결하는 다리이며, 사실을 증거로 바꿔 묘사description, 설명explanation이 일정한 과정을 거쳐 해석에 이르게 하는 다리이다. 이 다리가 튼튼해야 역사 공부, 역사학이 성과를 내고 설득력을 갖게 됨은 말할 것도 없다. 그러려면 사실과 해석에서 의식적·무의식적 왜곡과 오류를 피해야 할 것이다. 어떻게 오류를 피하고 가능한 진실에 가깝게 사실을 전할 수 있을까? 남기고 전하고 이야기하는 세 영역에서 사례를 통해 사실에서 해석으로 이어지는 다리를 건너는 방법을 찾아보자.

---

[*] 요한 하위징아, 이광주 옮김, 《역사의 매력》, 도서출판 길, 2013, 31쪽.
[**] 요한 하위징아, 《역사의 매력》, 208~209쪽.

기억의 오류와 한계

사건을 직접 겪든 관찰을 하든 기록의 형식으로 얼려두기 전까지 우리는 기억을 해야 한다. 입에서 입으로, 기록에서 기록으로 전해질 때도 첫 번째 단계는 사실에 대한 기억이다. 문화 현상 일반으로서의 기억에 대한 논의, 즉 객관성, 합리성에 기초하여 차곡차곡 쌓이는 역사라는 근대 역사학의 관념에 대한 비판으로서의 기억 담론 이전에,[*] 여기서는 생리 현상으로서의 기억을 말한다. 이때 기억은 개별적이다. 한 사람 한 사람이 기억하려 하지 않으면 뉴런neuron을 통해 시냅스synapse에 전달되어 저장되지 않는다.

기억은 필연적으로 망각이나 왜곡을 수반한다. 학계의 논의에 따르면 기억은 일곱 가지의 망각과 왜곡 변형을 겪는다.[**] 먼저 망각을 보자. 망각은 어떤 사실이 기억에서 빠져나가버려서 생기는 현상이다.

- 소멸transience: 시간이 지나면서 기억이 흐려지거나 손실되는 경우이다. 1년, 10년이 지난 후에는 똑같은 사건을 기억

---

[*] 전진성, 《역사가 기억을 말하다》, 휴머니스트, 2005. 기념비, 저술, 박물관, 미술관부터 특정 이데올로기에 이르기까지, 이들 사회적 뉴런을 주제로 한 논의는 조금 뒤에 살펴볼 것이다.

[**] 대니얼 샥터Daniel L. Schacter, 박미자 옮김, 《기억의 일곱 가지 죄악》, 한승, 2006.

할 확률이 낮아진다. 가장 기본적인 망각 방식이다.

- 정신 나감absent-mindedness: 주의와 기억 사이의 접촉에 이상이 생기는 현상. 열쇠나 안경을 어디 두었는지 못 찾는 것, 저녁 약속을 깜빡 잊는 일이 여기에 해당한다.
- 막힘blocking: 어떤 정보를 필사적으로 끄집어내려고 하지만 그것이 불가능한 경우이다. 분명히 낯익은 사람인데 이름이 떠오르지 않고 입에서 맴도는 안타까운 경험이 있다면 이해가 쉬울 것이다.

한편 기억이 누락되거나 빠져버려서 생기는 망각과는 달리, 기억을 하긴 하는데 잘못된 기억이거나 원하는 데이터가 아닌 기억이 있다. 이것은 일종의 왜곡 현상으로 봐야 할 것이다.

- 잘못된 귀속mis-attribution: 잘못된 출처에 기억을 할당하는 경우이다. 환상을 사실이라고 착각하거나 신문에서 본 것을 친구가 한 말이라고 잘못 기억하는 것이다.
- 암시 당하기suggestibility: 과거 경험을 상기하려고 할 때 유도 질문이나 추가 설명, 암시의 결과 새롭게 생겨난 기억을 말한다.
- 뒤틀림bias: 무심코 과거의 경험을 현재 알고 있는 믿음에 비춰 수정하거나 다시 쓰는 경우이다.
- 지속persistence: 마음속에서 다 사라져버리기를 원하는 고통스러운 사건이 반복해서 떠오르는 경우이다.

특히 '잘못된 귀속', '암시 당하기'의 경우는 법정 증언에서 이런 일이 생기면 치명적인 위증이 되거나 피의자를 난감한 상황에 몰아넣을 수 있을 것이다. 헤어진 연인은 과거를 아름답게 기억하는 경우가 드물고, 술꾼은 알코올 중독 혐의를 피하기 위해 자신은 친구 만나는 자리가 좋아서 술을 마신다고 합리화한다. 이게 '뒤틀림'이다.

문제는 '지속'이다. 어렸을 때 어디서 떨어질 뻔해서 놀란 기억이 잠자리에 들었을 때 불쑥 고개를 내밀어 섬뜩해한다든지, 답안을 한 칸 밀려 써서 시험을 망친 기억으로 몸서리를 치는 경우가 이것이다. 이는 과거의 일이 마치 현재의 일처럼 등장한다는 점에서 왜곡의 일종이다. '이불킥'으로 불리는 소소한 지속도 있지만, 심하면 우울증이나 트라우마로 남아 무기력하게 되거나 심하면 생명이 위험해질 수 있다.

이렇게 잘못된 기억이 증언이나 기록으로 남고, 이것이 역사 자료로 활용된다면 어떻게 될까? 사실에 대한 망각이나 왜곡은 자연스럽게 역사의 오류로 이어질 것이다. 우리 몸의 근원적 한계를 알고, 사실을 증거로 만드는 과정을 밟아보자.

잘 기록하기

내가 알기에 세계 최초로 생각되는 '역사학 개론'을 썼던 유지기

劉知幾는《사통史通》에서 흥미로운 사례를 제시했다. 바로 선배 역사가인 사마천의《사기》를 교정한 것이다. 다음을 보자.[*]

① 〈項羽本紀〉曰: "項籍, [字羽] 下相人起時, 年二十四. [項氏世世爲楚將, 封于項, 故姓項氏.] 燕, 爲秦將王翦所殺. [燕子梁, 梁籍季父也]."

한 고조 유방과 쟁패하던 항우를 소개하는 첫머리에 나오는 서술이다. 유지기는 사마천의 이 서술에서 '30글자(실제로는 32자)를 삭제하고, 24글자를 추가하고, 순서를 고쳐 바로 잡는다[右除三十字, 加二十四字, 釐革其次序]'고 했다.《사통 외편》권6〈번잡한 문장의 삭제[點煩]〉에 실린 이 사례들은 가만 보면 교정이 아니라 글쓰기 첨삭이라고 해야 정확하다. 사마천의 원래 서술을 번역하면 아래와 같다.

①-a. 〈항우본기〉에 "항적은 하상 사람이며, 자는 우이다. 처음 군사를 일으켰을 때 나이 24세였다. 그의 숙부가 항량이고, 항량의 아버지가 바로 초나라 장수 항연이며, 진나라 장수 왕전에게 죽임을 당한 사람이었다. 항 씨는 대대로 초나라 장수로서 항 땅에 봉해졌으므로 성을 항 씨로 삼았다"고 했다.

[*] 유지기, 오항녕 옮김,《사통 외편》권6,〈번잡한 문장의 삭제[點煩]〉, 역사비평사, 2012, 773~774쪽.

[그림 25] 유지기

[그림 26] 《사통》
유지기는 《사통》에서 사마천의 《사기》를 교정했다.
역사 서술에서 이름과 자, 성씨, 계보를 순서대로 서술하는 편이 더 적절하다고 본 듯하다.

이를 유지기는 아래와 같이 바꿔야 한다고 보았다.

①-b. 〈항우본기〉에 "항적은 자가 우이고 하상 사람이다. 군사를 일으켰을 때 나이 24세였다. 항 씨는 대대로 초나라 장수였고, 항 땅에 봉해졌기 때문에 성이 항 씨였다. 항연은 진나라 장수 왕전에게 죽임을 당했다. 항연의 아들이 항량이었고, 항량은 항적의 작은아버지이다.

유지기는 이름과 자, 성씨, 계보를 순서대로 서술하는 편이 역사 서술에서 적합하다고 봤던 것으로 보인다. 한 가지 사례를 더 보자.

② 〈呂氏本紀〉 曰: "呂太后者, 高祖微時妃也. 生孝惠帝, 魯元[公主]. …… [高祖嫌]孝惠爲人仁弱, …… [又]戚姬幸, 常[獨]從上之關東, 日夜啼泣, 欲立其子[趙王如意以]代太子. …… 賴留侯策, 太子得無廢."
〈여씨본기〉에, "여태후는 한 고조가 미천했을 때의 아내이다. 효혜제와 노원 공주를 낳았다. …… 고조는 호혜의 사람됨이 어질기만 하고 약한 것을 싫어했고, …… 또한 척희는 총애를 받아 항상 혼자 고조를 따라 관동으로 갔는데, 밤낮으로 울면서 자기 아들인 조왕 여의로 태자를 대신하려고 했다. …… 유후의 계책에 힘입어 태자가 폐위되지 않을 수 있었다.

유지기는 "이 사실은 〈고조본기高祖本紀〉 및 〈효혜제본기孝惠帝本紀〉, 여러 왕이나 왕숙손·장량 등의 열전에 보이므로, 지나치게 중복된 서술이다. 지금 또 〈여후본기〉를 보면, 이 부분은 생략하고 굳이 말하지 않아도 된다"고 하고, "이 문장에서 75글자를 삭제하고, 12글자를 추가한다"고 덧붙였다. 그가 말한 〈여후본기〉, 즉 〈여태후본기〉 외에, 이 사실은 권49 〈외척세가〉, 권55 〈유후세가〉, 권96 〈주창열전周昌列傳〉, 권99 〈숙손통열전叔孫通列傳〉에 나온다. 그러나 유지기가 말한 '효혜제본기'나, '제왕전'에 들어 있어야 할 '조은왕여의전'은 현존하는 《사기》에는 보이지 않는다.

중복하지 않고 군더더기 없이 사실을 기록하는 일은 사관의 덕목 중 하나였을 것이다. 특히 점점 문서의 양이 늘어나게 되면 어떤 문서의 어떤 내용을 남기느냐는 문제가 심각한 사안이 된다. 그러다 보니 훈련을 받지 못한 관원이 역사 편찬에 참여하게 되면 도대체 어떤 기록을 삭제하고 어떤 기록을 놔둘지 몰라 '붓을 놓고 서로 빤히 쳐다보거나' '붓만 빨고 있는' 상황이 발생할 수밖에 없었다.[*] 《조선실록》을 편찬하던 실록청에서도 산삭刪削은 실록 편찬의 첫 번째 단계이면서, 그 중요성 때문에 당대 제일의 문장가인 대제학이 총괄하는 것이 관례였다.

하긴 일기를 쓰는 와중에 하루 중 남길 일을 선택하여 적는 데

* 유지기, 《사통》, 〈이대로는 안됩니다[竹時]〉, 991쪽.

도 마음이 쓰이는 법이니, 기록이 많아지면 그 기준을 적용하는 것이 쉽지 않으리라는 걸 충분히 짐작할 수 있을 것이다. 이는 현대 기록학 평가론Appraisal의 핵심 주제이기도 한데, 영상이나 사진, 녹음으로 기록을 남길 때도 피할 수 없는 과제이다. 영상이든 녹음이든 사건, 사실을 모두 담을 수는 없기 때문이다.

쌀과 황금의 곡필

이렇게 자질, 훈련, 학습을 통해 다듬어야 할 삭제, 선별, 평가, 수록 능력도 필요하지만, 특정 의도 때문에 벌어질 수 있는 역사의 왜곡도 있을 수 있다. 유지기의 말을 다시 들어보자.

① 세상사가 험악하기에 사신史臣이 고개를 숙이지 않는 강직한 풍모를 가지고 권력에 빌붙지 않는 절개를 가지지 못했다고 책망하기도 어려울 수 있다. 그래서 장엄張儼은 사사로이 《묵기嘿記》의 기록을 남겨 분노의 감정을 풀었고,[*] 손성孫盛은 뒷날 요동에서 발견된 판본을 몰래 지어놓고 불편한 마음을

---

[*] 장엄은 삼국시대 오나라 사람으로, 《묵기嘿記》 3권을 편찬했다고 《수서隋書》〈경적지經籍志〉에 전하는데, 지금은 없어졌다.

달래었다.[*] 이렇게 해서 재앙을 피하고 다행히 역사서와 역사가 모두 온전할 수 있었다.^{**}

② 역사서 중에는 사실마다 허위이고 문장마다 황당한 것도 많다. 다른 사람의 훌륭한 점을 자신의 은혜로 삼기도 하고, 다른 사람의 악행을 꾸며 자기 원수를 갚는 수단으로 삼기도 했다. 왕침王沈은 《위록魏錄》에서 함부로 근거도 없이 견후甄后를 폄하하는 조서를 수록했고,^{***} 육기陸機는 《진사晉史》에서 제갈량의 공격을 막은 일을 과장했으며,^{****} 반고班固조차도 다른 사람에게 금金을 받고서야 비로소 기록을 남겼고,^{*****} 진수陳壽는 쌀을 빌려주어야만 열전에 넣어주었다고 한다.^{******}

---

* 손성은 동진東晉 사람으로, 공자와 사마천을 흠모하여 《진양추晉陽秋》 32권을 지었다고 한다. 《수서隋書》 〈경적지經籍志〉에 《위씨춘추魏氏春秋》 20권을 편찬했다고 하는데, 지금은 전해지지 않는다.

** 유지기, 《사통 내편》 권24, 〈직서의 모범과 전통[直書]〉, 422~423쪽.

*** 견후는 조식曹植이다. 왕침이 지은 《위서》가 이미 없어져서 이 사실을 고증할 수가 없다.

**** 육기의 《진서晉書》도 전해지지 않는다.

***** 《사고전서총목四庫全書總目》 권45에는 유지기의 견해를 소개하는 한편, 반고의 일은 사실이 아니라는 《문심조룡文心雕龍》 〈사전史傳〉의 말도 인용해 두었다.

****** 유지기, 《사통 내편》 권25, 〈곡필의 사례와 영욕[曲筆]〉, 429~430쪽.

①에서 유지기는 어떻게든 진실을 전하려고 했던 역사가로 장엄과 손성을 거론했다. 이와 달리 ②에서는 근거 없는 말로 남을 폄훼한 왕침과 육기, 황금이나 쌀을 받고 기록을 남겨주었던 반고와 진수를 곡필의 사례로 들고 있다. 반고나 진수는 이견도 있다고 밝혀두긴 했다. 하지만《한서漢書》나《삼국지三國志》의 편찬자로 알려진 저명한 역사가들이 곡필의 사례로 등장하는 것으로 보아, 곡필의 혐의를 피하기가 얼마나 어려운지를 알 수 있다. 역사가도 사람인데 어찌 그런 일이 없겠는가. 그러나 오류와 왜곡에 의도가 수반되어 있는지는 쉽게 판단하기 어렵다. 사람 속을 누가 알겠는가. 유지기는 아울러 직필을 다음과 같이 정리했다.

이른바 직필直筆이라는 것은, 나쁜 일을 숨기지 않고 헛되이 미화하지 않으며, 기록하면 반드시 평가에 도움이 되고 기록하지 않아도 권장이나 경계에 부족함이 없이 사실을 기록한다는 뜻이다. 다만 큰 강령을 거론하고 대체를 남길 뿐이지, 터럭 같은 사실까지 기록하고 사소한 것이라도 버리지 말아야 한다는 말이 아니다. 송 효왕末孝王이나 왕소王劭 같은 역사가가 기록한 것을 보면, 문란한 남녀 사이나 비루한 말씨나 용모에 관한 이야기를 즐겼으며 남의 단점을 들추어내는 것

을 직필이라고 했는데, 나는 아무래도 동의할 수 없다.[*]

기억의 망각이나 왜곡, 과거 직필의 어려움과 곡필 사례를 통해 생리적·역사적으로 사실의 기록과 전승이 쉽지 않은 일임을 짐작했다. 이제 사실에 대한 가장 초보적인 실수나 왜곡부터 점검하여 어떻게 하면 진실에 가깝게 사실을 이해하고, 이에 기초하여 타당하고 적절한 해석을 내릴지 알아보기로 하자.

읽기의 어려움

체험을 기록하든 과거 경험을 탐구하든 언어를 알아야 하고 그 시대의 용어를 알아야 한다. 당대사인 경우는 오류가 적겠지만, 지난 시대의 사료라면 녹록치 않다. 사료를 제대로 읽을 줄 알아야 한다. 이를 게을리 하면 소소하거나 어처구니없는 실수를 범한다. 다음은 근 2천 년을 내려온 오류이다.

공자는 노나라 창평향 추읍에서 출생하였다. …… 숙량흘이 안씨 집안 딸과 야합하여 공자를 낳았는데, 니구에서 기도를

* 유지기, 《사통 외편》9, 〈주요 역사서 비평 III[雜說下]〉, 892~893쪽.

드려 공자를 낳았다고 한다. …… 공구가 태어나자 숙량흘은 죽었고, 방산에 장례지냈다. 방산은 노나라 동쪽에 있어서, 이 때문에 공자는 자신의 아버지 묘소가 있는 곳을 궁금해 했지만 어머니가 확실히 대답해주지 않았다. …… 공자 어머니가 죽자 오보의 사거리에 빈소를 차렸는데, 이는 신중히 하기 위해서였다. 추 땅 사람 만보의 어머니가 공자 아버지의 묘소를 가르쳐준 뒤에 방산에 가서 합장했다[孔子生魯昌平鄕陬邑. …… 叔梁紇與顏氏女野合而生孔子, 禱於尼丘得孔子. …… 丘生而叔梁紇死, 葬於防山. 防山在魯東, 由是孔子疑其父墓處, 母諱之也. …… 孔子母死, 乃殯五父之衢, 蓋其愼也. 郰人輓父之母誨孔子父墓, 然後往合葬於防焉].*

사마천이 남긴 이 기록 때문에 후대에 독자들은 의심에 휩싸였다. 공자의 아버지 숙량흘이 안씨 집안 딸과 '야합野合'해서 공자를 낳았다는 기록을 인정하게 되면, '지고한 성인께서' 사생아가 되는 것이었다. 사마천은 그 아래에, '공자는 자신의 아버지 묘소가 있는 곳을 궁금해 했지만 어머니가 확실히 대답해주지 않았다'고 기록해놓았다. 이치로 보나 정리로 보나, 자식이 자기 아버지 묘소가 어디 있는지도 모르고 어머니조차 일러주지 않았다면,

---

* 사마천, 《사기》 권47 〈공자세가孔子世家〉. 밑줄과 번역은 필자.

누가 그 관계가 합당하거나 정상적이었다고 인정할 수 있겠는가? 주석을 다는 후학들이 아무리 이를 합리화하려고 애를 써도 합리화될 수 없는 일이었다.[*]

여기에는 《예기禮記》〈단궁檀弓〉에 나오는 원래 기록에 대한 긴 오해의 역사가 있지만, 무엇보다 빈殯이 빈소를 차린다는 뜻도 있으나 당시에는 얕게 묻는 천장을 의미했다는 사실을 몰랐던 데 기인한다. 빈은 임시로 묻는 가묘假墓 정도로 이해하면 될 것이다. 지금도 이런 가묘를 초빈初殯, 가빈家殯이라고 하여 빈殯 자를 그대로 쓰고 있다. 한편 깊이 묻는 심장深葬은 옮기지 않고 영원히 묻는 묘소를 말한다. 위의 해당 부분은 이렇게 번역해야 한다.

공자 어머니가 죽자 오보의 사거리에 임시 묘소를 썼으니, 이는 신중히 하기 위해서였다. 추 지역 사람 만보의 어머니가 공자 아버지의 묘소를 가르쳐준 뒤에 방산에 가서 합장했다 [孔子母死, 乃殯五父之衢, 蓋其愼也. 郰人輓父之母誨孔子父墓, 然後往合葬於防焉].

임시 무덤이라면 무덤을 파고 수습하여 다른 곳에 어머니와 합장해야 할 것이고, 영구 무덤이면 그곳에 어머니와 합장해야 하

* 장순휘張舜徽, 오항녕 옮김, 《역사문헌 교독법中國古代史籍校讀法》, 한국고전번역원, 2015, 39~43쪽.

기 때문에 판단이 필요했을 것이다. 나중에 누군가 아버지 숙량흘의 최종 묘소를 알려주자 공자가 어머니와 함께 합장했다는 말이다. 그러니까 공자는 아버지 묘소가 어디 있는지 몰랐던 것이 아니라, 오부의 사거리에 있는 아버지 무덤이 천장인지 심장인지, 임시 무덤인지 영원히 쓸 무덤인지 몰랐던 것이다. 이 오류는 청나라 손호손孫濩孫에 의해 바로잡혔지만 지금도 여전히 반복되고 있다.

근대의 학자 가운데 통감학이라는 명칭을 쓰기도 하지만, 기실 《자치통감》을 체계적인 학문 연구 대상으로 보기 시작한 것은 매우 오래되었다. 중국 원나라 때 호삼성胡三省은 "온공이 세상을 뜬 뒤 공휴가 그 일로 상심하여 결국 통감학은 그 가문에서 거의 전해지지 못하였다[蓋溫公之薨, 公休以毀, 卒通鑑之學其家幾於無傳矣]"라고 통탄하면서 '통감지학'이라는 말을 처음 사용하였다.[*]

온공은 송나라 사마광司馬光이다. 사마광의 《자치통감資治通鑑》이 지닌 사학사의 위상 때문에 일찍부터 '통감학'이라는 용어를 썼고 지금도 쓰고 있다.[**] 《자치통감》에 대한 정통한 연구자였던

---

[*] 오항녕, 《실록이란 무엇인가》, 역사비평사, 2018, 17쪽.
[**] 張照侯, 《通鑑學》, 安徽人民出版社, 1957.

[그림 27] 사마광

과거의 사료를 읽거나 다른 언어로 된 사료를 읽을 때는
오류가 생기지 않도록 세심하게 살펴야 한다. 사마광의 《자치통감》에 정통한 연구자였던
원나라 호삼성은 사마광의 아들 사마공휴가 아버지의 학문을 잇지 못해
《자치통감》의 역사학 성과가 전해지지 못했음을 안타까워했다.
나는 호삼성의 문장을 잘못 번역한 적이 있다.

원나라 호삼성은 사마광의 아들 사마공휴司馬公休가 아버지의 학문을 잇지 못해 《자치통감》의 역사학 성과가 전해지지 못했다고 안타까워했다.[*] 그런데 위 서술에서 호삼성 말의 인용문은 오류이다. 이는 다음과 같이 수정되어야 한다.

> 온공이 세상을 뜬 뒤 공휴가 그 일로 몸이 상하여 세상을 떠나자 통감학은 그 가문에서 거의 전해지지 못하였다[蓋溫公之薨, 公休以毁卒, 通鑑之學其家幾於無傳矣].

'상을 치르다 몸이 상해서 죽었다[毁卒]'라는 말을 잘못 이해한 것이다. 안타깝게도 이 말은 자주 쓰는 표현이고 내가 번역한 문집 중에서도 빈번하게 등장하는 표현이다. 그런데 틀린 것이고, 꼭 이런 오류는 출간되어 기쁜 마음으로 책을 펼쳤을 때에야 눈에 띈다는 공통점이 있다.

임진년과 1592년

과거의 사료를 읽거나 다른 언어로 된 사료를 읽을 때는 이 같은

---

[*] 胡三省, 《통감석문변오通鑑釋文辨誤》, 〈서序〉.

실수나 오류가 생기지 않도록 세심하게 살펴야 한다. 이런 류의 실수는 연도 표기 방식이 지금의 서기 방식인 1980년, 2021년 하는 식이 아니라, 60갑자甲子로 되어 있을 때도 나타난다. 이 점을 유념하기 위해 나는 학생들에게 우스갯소리로 1592년에 조선 정부는 개국 200주년 기념식을 했을까 묻기도 한다(이 해 4월 임진왜란이 발생하여 7월에는 의주로 피란 가 있었으므로 어차피 기념식을 할 여유는 없기는 했지만). 답은, '했을 리가 없다'이다.

내가 당사자였던 다른 사례를 보겠다.

그는 여전히 '광해군 9년(1617) 생원 양몽거楊夢擧의 상소'를 근거로 주장하지만, 양몽거의 상소는 광해군 9년이 아니라, 60년 뒤인 숙종 3년(1677)의 일이었습니다.[*]

위의 인용은 1589년 정여립鄭汝立 모반 사건으로 시작된 기축옥사 때 어떤 사건에 대한 논쟁 중에 일어났다. 사연은 이러하다. 거기에 이발李潑이라는 홍문관 부제학을 지낸 인물이 연루되었는데 그의 노모와 아들이 사건을 조사하는 추국청推鞠廳에 잡혀 왔다가 죽는 일이 벌어졌다. 형신刑訊 대상이 아닌 이들의 죽음이 억울하다는 공론이 일었다. 임진왜란으로 관련 사료가 사라지자 사

---

[*] 오항녕, 《유성룡인가, 정철인가─기축옥사의 기억과 당쟁론》, 너머북스, 2015, 33쪽.

람들 기억에서 균열이 생겼다. 그들이 억울하게 죽은 시기가 정철鄭澈이 추국 책임자였던 1590년이라는 기억과 유성룡柳成龍이나 이양원李陽元이 책임자였던 1591년이라는 기억의 차이였다.

기실 이런 다툼은 접근이 잘못되었다. 무엇보다 반역 사건으로 인한 추국은 누구 한 사람의 의지로 결정할 수 있는 일이 아니다. 추국청이라는 조직에서 사건을 조사하며 국왕이 참여하는 논의 과정을 거친다. 당시 형법의 원칙과 절차가 그러했다. 이를 놔두고 벌어지는 정철이니 유성룡이니 하는 다툼은 소모전으로, 자칫 집안싸움이나 저급한 당쟁론으로 흐를 가능성이 크다.

아무튼 나와 논쟁 중이던 상대는 나아가 "이발의 노모가 죽은 해에 대한 각 당파의 서술은 엇갈리는데, 광해군 9년(1617) 생원 양몽거 등의 상소는 '경인년 5월 13일'이라고 서술하고 있고, …… 반면 인조반정 후인 효종 8년(1657) 서인들이 편찬한 《선조수정실록》은 신묘년(1591·선조 24) 5월의 일로 기록하고 있다"라면서, "1590년이었던 것이 인조반정을 거치면서 1591년이 되었다"라는 결론을 내렸다.

그러나 이 결론의 논거가 되었던 양몽거의 상소는 1617년(광해군 9)이 아니라 1677년(숙종 3)의 일이었다. 둘 다 '정사년丁巳年'이므로 착각한 것이리라. 단순히 60년 또는 120년을 착각하면 모르겠지만, 이런 사료가 근거가 되어 위의 경우처럼 엉뚱한 결론과 연결되면 작은 문제가 아니다.

헥토-히스토리

임진년은 1592년처럼 한 번만 있던 것이 아니다. 서기로 1652년, 1712년도 모두 임진년이다. 당시 사람들은 자기가 살았을 때 갑자년, 을축년으로 일컫는 60갑자의 간지干支가 거의 한 번밖에 오지 않으므로 자연스럽게 썼지만, 사료를 읽는 우리는 그래서는 안 된다. 조선시대 200~300년을 다루다 보면 여러 번 오는 것이다. 연도 얘기가 나왔으니 한 가지만 더 주의하고 가자.

> 우리는 더이상 영웅의 이름을 따서 시대를 명명하지 않는다. 우리는 무척 사려 깊게 매 100년 단위로 각각의 시대를 셈한다. 그리스도의 탄생을 기점으로 1년에서 시작하여 모든 역사를 그렇게 센다. 13세기의 예술, 18세기의 철학, '볼품없는 19세기' 등등. 산수算數 마스크를 쓴 얼굴들이 우리 저서의 페이지 곳곳을 배회한다. 우리 중 누가 감히 이 명백히 편리한 유혹의 제물이 되지 않을 수 있겠는가?[*]

마르크 블로흐의 예언, 누구나 이 '편리한 유혹의 제물'이 되

---

[*] Marc Bloch, Peter Putnam trans., *The Historian's Craft: Reflections on the Nature and Uses of History and the Techniques and Methods of Those Who Write It*(New York: Vintage Books, 1964), pp. 181~182.

[그림 28] 마르크 블로흐

마르크 블로흐는 역사를 100년 단위로 잘라 이해함으로써
'편리한 유혹의 제물'이 되고 있는 상황을 비판했다. 역사를 세기century 단위로
구획하는 헥토-히스토리hecto-history라는 병이 횡행하고 있다는 것이다.

리라는 예언은 여지없이 들어맞고 있다. 역사학, 철학, 문학을 막론하고 퍼져 있는 전염병 같다. 논문 또는 저서의 대상을 부를 때, 꼭 세기century 단위로 구획하는 병이다. 헥토-히스토리hecto-history이다. 역사가 마치 프로크루스테스의 침대처럼 정확히 100년 단위로 잘리는 모양새이다.

블로흐의 불만이 아니더라도, 역사학도들이 모인 자리에서는 이런 식의 시기 구분에 대한 비판이 곧잘 도마에 오르곤 한다. 잘 아는 사실이지만, 그레고리우스력이라고 부르는 서력西曆 기원은 1894년 갑오경장 이후에 사용된 역법이다. 그전에는 아예 이런 연도 구분이 존재하지 않았다. 지금은 10, 100의 십진법이라는 편의성 때문에 계속 사용되고 있다.

논문이나 저서에 시기를 표시해야 하는 처지에서 보면 피치 못할 측면도 있다. 왕대王代로 한들 정확하겠는가? 또 어떤 사건이면 모르겠지만, 통상의 역사상이나 현상을 확정한다는 것이 얼마나 어려운지 생각한다면 이해 못 할 일도 아니다. 그렇더라도 헥토-히스토리는 가능한 지양해야 하는 현재주의의 하나이며, 시기 표시의 대안이 있다면 그것을 택하라고 권하고 싶다.

지금까지는 언뜻 단순하거나 관습적인 실수, 눈에 보이는 곡필을 다루었다. 이제 본격적인 역사 탐구의 과정에서 나타날 수 있는 오류를 살펴 사실과 해석이 적절한 자리를 찾도록 해보자. 피셔는 "오류는 단지 실수 자체가 아니라 실수에 빠져드는 방식이다. 종종 진실한 사실에 입각한 전제에서 출발한 잘못된 추론으로 이루어지는데, 이렇게 해서 잘못된 결론이 도출되는 것이다"
라고 했다.[*]

2장에서 '구조-의지-우연'으로 구성된 사실 자체를 어느 하나
로 설명 또는 이해할 경우 사실과 사건에 대한 오류에 빠질 수 있
음을 살펴본 바 있다. 사실은 언제나 복합적이다. 하나로 동떨어
져 존재하는 사실은 없다. 모든 사실에 구조, 의지, 우연이 들어
있다는 말 자체가 이미 사실의 복합성을 전제로 한 정의이다. 그
러므로 사실은 언제나 다른 사실로 구성되어 있든지 다른 사실과
연관되어 현존한다.

이런 점에서 피셔의 말은 엄밀히 말하면 두 가지로 이해되어야
한다. 첫째, 사실 자체의 이해에 요구되는 지적 활동, 그리고 사실
의 연관을 통해 사건을 이해하는 지적 활동이라는 두 측면에서 잘
못된 판단을 하는 것이 오류라는 의미이다.

특히 피셔의 말에 주목하는 이유는 그가 역사학도가 범할 수
있는 오류에 대한 가장 포괄적인 저서를 냈기 때문이다. 논리학
에서 제기한 오류의 유형을 바탕으로 역사 논저를 검토한 그의 저
술 때문에, 그의 책이 출간되고 몇 년 동안 역사가들은 혹시나 거

---

[*] D. H. Fischer, *Historians' Fallacies: Toward a Logic of Historical Thought*(New York: Harper and Row, 1970), Introduction, x vii. 이 오류에 대한 정의는 알프레드 시드윅 Alfred Sidgwick의 《오류*Fallacies*》(London, 1883)에서 말한 세 번째 의미와 일치한다 고 피셔가 말했다.

기에 자기 이름이 나오지 않을까 전전긍긍했다는 소문도 돌았다고 한다. 이런 가이드라인이 나왔다는 것 자체가 역사학도로서는 고마운 일이었다. 나도 피셔의 저서 등을 참고하여 2년간 역사 탐구의 오류를 연재한 적이 있고,[*] 마리우스와 페이지도 "가장 흔한 실수를 기억해두었다가 역사 글쓰기에서 그런 실수를 저지르지 않는 게 바람직한 자세이다"라고 의미를 부여했다.[**] 피셔가 거론한 오류의 유형 가운데 몇 가지만 소개해보자.

사실의 복잡성

3장에서 기계적 인과론에 입각한 원인의 탐구가 모호할 수 있는 위험성을 지적한 바 있다. 피셔 역시 '왜why'라는 질문을 부정확하다고 생각한다. 그러나 '왜'라는 질문이 역사가들 사이에서 사라질 가능성은 없어 보인다. '왜'라는 질문은 문헌 곳곳에 뿌리내리고 있고, 대학원 과정에서 제도화되어 있기 때문이다. 그러다 보니 '왜'라는 질문이 없는 역사학 훈련은 한글 없는 국어학처럼 낯설게 느껴진다. 하지만 역사가는 인과에 집착하여 내적 비밀을

---

[*] 오항녕, 〈역사기록, 그 진실과 왜곡 사이〉, 《신동아》 2012년 5월~2014년 4월.
[**] 리처드 마리우스·멜빈 E. 페이지, 남경태 옮김, 《역사 글쓰기, 어떻게 할 것인가》, 72쪽.

발견할 수 있으리라 기대해서는 안 된다. 그런 것은 없기 때문이다. 여기서는 복잡하고 까다로운 주제에서 쉽고 단순한 원인을 찾고 싶어 하는 유혹은 내려놓자는 정도만 제안하기로 하자.

이와 비슷하게 과도한 단순화의 오류도 주의해야 한다. 19세기 이래 어떤 역사가들은 역사는 필연적인 진보의 과정이며, 그 결말도 예측할 수 있다고 믿었다. 백인종이 전 세계 유색인종보다 우월하므로 결국 승리한다고 생각했다. 그들은 그것이 더 나은 세계로 가는 진보라고 여겼다. 문명이라는 말도 19세기 중반에 문명-야만의 위계질서 속에서 탄생한 것이다.

식민지 사람(인종)을 전시하는 이른바 '식민지관'이 1855년 런던 만국박람회 때 최초로 등장했다. 식민지관의 인종 전시가 제도화된 것은 프랑스혁명 100주년을 기념하기 위해 열린 1889년의 파리 만국박람회부터였다. 위압적인 에펠탑과 박제화된 식민지관의 수직적 위계는 문명과 야만의 '질서'를 공간화함으로써, 박람회가 제국주의의 권력 장치이자 국민국가의 문화 장치임을 여실히 보여주었다.

이런 단순화는 역사가 신의 의지에 따라 움직인다고 본 역사가들도 마찬가지였다. 신이 볼 때, 인간이 선을 행하면 번영할 것이고 신의 계율을 어기면 몰락할 것이라는 주장이 그것이다. 기독교와 함께 어떤 인간이나 사회의 불운조차도 죄가 되었다. 그러나 차분히 살펴보면 역사의 소용돌이와 파도는 그렇게 쉽게 예측할 수 있는 양상을 띠지 않는다.

[그림 29] 1889년 파리 만국박람회

[그림 30] 1889년 파리 만국박람회에서의 인종 전시
앵발리드 광장의 자바 여자 무용수들. 식민지 사람(인종)을 전시하는 이른바 '식민지관'이
1855년 런던 만국박람회 때 최초로 등장하여 1889년 파리 만국박람회 때부터 제도화되었다.
문명과 야만의 '질서'를 공간화한 식민지관의 등장은 박람회가
제국주의의 권력 장치이자 국민국가의 문화 장치임을 여실히 보여주었다.

유사하게 과거를 알면 미래의 실수를 피할 수 있으리라는 생각도 지나친 단순화에 속한다. 이런 사고는 '새로운 것'이 끊임없이 인간사로 흘러드는 것을 과소평가하기 때문이다. 새로운 발명, 사고방식, 발상의 조합은 우리의 예측을 완전히 뒤집어버릴 수 있다. 이제는 역사의 필연적인 진보를 누구도 예견하지 않는다.

동어반복

한편 사실을 설명하는 과정에서 은연중 같은 말이 반복되는 경우가 있다. 오류나 왜곡이라고 할 수는 없지만, 설명에 필요한 덕목은 아니다. 동어반복이란 설명이라기보다는 하나의 선언이다. 아무 질문도 하지 않는다는 점에서, 또한 같은 사안을 두 번 주장한다는 점에서 선언이다. 가장 일반적인 형태는 'A인 것은 A이다'라는 주장이다. 예컨대 "사람들이 일터에서 내몰렸을 때, 비고용 상태가 된다." 평소 하는 말로 하면 '하나 마나 한 말'이 그것이다.

중학교 때 적십자 응급처치 훈련을 받은 적이 있다. 삐었을 때 부목을 대는 훈련, 인공호흡 훈련을 했다. 별안간 발을 삐면 왜 붓는지 궁금했다. 그래서 물었다. "선생님, 발을 삐면 왜 부어요?" 그랬더니, 그분은 이상하다는 듯이 나를 쳐다보면서, "삐었으니까 붓지, 왜 붓겠어?"라고 답하며 아이들을 둘러보았다. 아이들은 그 말에 동조하듯, 또 나의 질문을 조롱하듯 소리 내어 웃었다.

그들이 내 질문을 동어반복의 어리석은 질문으로 받아들였는지, 아니면 선생님의 반문에 동조하여 권력의 비위를 거스르지 않으려고 했는지는 모르겠다. 내 질문은 삐었다는 물리적 충격이 어떤 생리적 작용 때문에 살이 붓는 결과로 나타나는가 하는 것이었다. 가만 생각해보면 내 질문에는 남들이 웃을 만한, 그러니까 동어반복의 오류라고 잘못 생각할 만한 점이 분명 있었다. 삐면 붓는 게 당연하니까.

이런 동어반복의 반대편에 모순되는 설명이 있다. 1950년 한국전쟁을 놓고, "전혀 있을 수 없는 일이 불가항력에 의해 일어났다"고 서술을 시작하면, '있을 수 없는 일'과 '불가항력' 사이의 모순을 발견한다. 물론 이런 정도는 애교에 속하는 수사학이라고 할 수 있고, 또 역설이 주는 감동도 있다.

또한 자칫 빠지기 쉬운 동어반복의 유형은 'A이고 B인 것은 A이다'라는 투이다. 쉽게 말하면, "검은 차는 검다," "모든 아기는 어리다" 같은 경우이다. 무어Barrington Moore Jr.는 급진적 혁명은 폭력이라는 핵심적 성격과 함께 시작한다고 말했다.[*] 그는 미국 남북전쟁이라는 사례를 근거로 제시했다. 훨씬 덜 폭력적이고 심지어 비폭력적인 변동이면서 그 결과에서 보면 심대했던 다른 혁명은 무시했다. 결국 그는 "폭력적이고 급진적인 혁명적 변화는

---

[*] 배링턴 무어, 진덕규 옮김, 《독재와 민주주의의 사회적 기원》, 까치, 1985, 168~169쪽.

폭력적이다"라는, 하나마나한 말을 한 것이다.

마지막으로 슬픈 동어반복 사례 하나 더 보자. "어떤 것은 A 아니면 비-A이다"라는 진술이다. 이분법에 익숙한 사람들이 잘 쓰는 방식이다. 마키아벨리는, "모든 나라는 공화정이거나 왕정이다"라고 했다.[*] 그러나 그는 공화정을 '왕정이 아닌 것'이라고 정의했다. 이런 류의 동어반복이 슬픈 이유는 현실에서 쉽게 발견되기 때문이다.

상대주의

사실 역사학계가 검증 과정에 대한 탐구를 소홀히 하는 이유로 상대주의의 유행을 들 수 있다. 상대주의란 경험과 문화 등 여러 가지 조건의 차이에 따라 가치 판단 또는 진실의 기준이 달라진다는 견해이다. 도덕·윤리의 측면에서 철학적 성찰이 필요한 개념이지만, 사실의 측면에서 상대주의는 그리 어렵지 않다. 역사학에서 이 말은 거의 어리석고 해롭게 동원된다. 흔히 '보기 나름'이라는

---

[*] 귀족적 공화주의와 민주적 공화주의가 있을 수 있다. 또 "공화정 체제의 근간이라 할 혼합정체의 중심 원리는 사회 세력—왕권·귀족·평민—사이의 견제와 균형"이므로, 공화주의라는 정체政體는 다양한 국체國體, 즉 민주, 왕정, 귀족정 등과 결합할 수 있다. 최장집, 〈서문〉, 니콜로 마키아벨리, 박상훈 옮김, 《군주론》, 후마니타스, 2014, 64~84쪽.

양해 내지 배려가 역사학에서는 냉소나 무력감이라는 부정적 영향으로 나타났다. 역사학도가 마치 실제 일어난 사건보다는 그가 믿고 있는 선입견이나 편견을 다루는 사람들로 생각되고, 심지어 역사 무용론, 역사 경멸론으로까지 이어질 수 있다. 상대주의는 다음 몇 가지 측면에서 비판할 수 있다.

첫째, 상대주의자들은 지식을 갖게 되는 과정과 지식의 명징성의 차이를 혼동한다. 한국 역사학자들이 '민족주의적 관점에서' 1910년에 일본이 조선을 점령했다고 주장할 수도 있다. '이 진술을 한 의도가 무엇이든' 이 진술은 사실이다. 한편 일본 역사학자들도 '무언가 의도를 가지고' 1910년에 일본이 조선에 강점되었다고 주장할 수 있다. 그러나 이 진술은 거짓이고, 앞으로도 거짓일 것이다. 누군가가 '무언가 의도를 가지고' 1923년 관동대지진 때 일본 자경단이 '조선인들이 우물에 독약을 풀었다'는 말로 선동하여 재일 조선인을 학살했다고 주장하더라도, 그 진술은 참이다. 그렇지만 누군가가 '무언가의 의도를 가지고' 관동대지진 때 재일 조선인 학살은 없었다고 주장한다면 그 의도와 상관없이 이 진술은 거짓이다.

이미 원인, 의도를 다루면서 언급했지만 어떤 지식(사실)의 의도 또는 배경은 불확실한 경우가 많다. 그 불확실성을 사실 자체의 불확실성과 혼동하는 경우가 있는데, 이를 논리학에서는 '의도 확대의 오류'라고 부른다. 스스로의 의심이 곧 옳다고 신뢰하는 태도라고 볼 수 있다. 상대주의의 이런 혼동은 '인신공격의 오류' 등 다른 오류와 복합적으로 나타나는 경우가 대부분이다.

둘째, 상대주의자는 완벽한 진실을 요구하며 대든다. 모든 역사적 설명은 전체의 한 부분일 수밖에 없다. 과거가 오롯이 다 남아 있는 것이 아니기 때문이다. 상대주의자는 이걸 가져와 역사의 설명은 '오류라는 의미에서 볼 때도' 부분적으로만 오류라고 잘못된 논의를 편다. 또 어떤 불완전한 설명이 객관적으로 참인 설명일 수는 있지만, 그것이 전체 진실일 수는 없지 않으냐, 어차피 부분만 진실 아니냐고 반박한다. 홀로코스트나 위안부 강제동원을 부정하는 수정주의의 논법이 이러하다. 이런 점에서 상대주의자들은 '전체 진실'을 말해야 한다는 관념을 끊임없이 끌어들이고 있다. 전체가 참이 아니면 인정할 수 없다는 억지가 상대주의자들의 강력한 무기이다.

셋째, 상대주의자는 역사와 과학의 차이를 잘못 설정하고 있다. 역사학은 과학과 달리 실증을 통해 일반성·법칙성을 도출할 수 없다. 다시 말해 역사에 대한 지식은 선입견, 편견, 신념, 신앙 등에 따라 역사가마다 다를 수밖에 없기 때문에 객관적이고 불편부당한 역사 서술이 불가능하다고 한다. 안 된 말이지만 이는 과학자도 마찬가지이다. 아니, 인간인 이상 마찬가지이다.

넷째, 상대주의자들은 자신이나 자신의 친구들은 상대주의로부터 어느 정도 예외라는 생각을 갖고 있는 듯하다. 만하임이 인텔리겐치아를 진리의 담지자로 상정한 것이 이 경우이다.[*] 하지만 이는 일관성이 결여된 견해이다. 왜 누구는 상대적인 진실(거짓)의 보유자로 남아 있고, 인텔리겐치아는 사회 진단과 종합화의 전범典範이 되는가?

다섯째, 상대주의자들이 사용하는 주관성이라는 관념은 문자상 난센스이다. '주관적'이란, 그 반대어가 의미 없으면 의미 없게 되는 연관 용어이다. '모든 지식은 상대적이다'라고 말하는 것은 '모든 것은 짧다'고 말하는 경우와 같다. 뭔가가 길지 않으면 짧은 것은 있을 수 없듯이, 어떤 지식이 객관적이지 않다면 주관적인 지식이란 있을 수 없다. 어떤 역사학자도 실제로 일어났던 '역사 전체'를 알 수 없다. 그렇다고 해서 객관적인 역사 지식이 불가능하다고 주장하는 것은 틀렸다.

상업적 선정주의

요즘 센세이션과 역사적 중요성을 혼동하는 오류가 창궐하는 곳은 매스컴이다. 매스컴에서는 드물게 일어나는 사건은 물론, 지

---

[*] 카를 만하임, 임석진 옮김, 《이데올로기와 유토피아》, 김영사, 2012, 76쪽. 이른바 '인텔리겐치아에 의한 종합화' 테제이다. 송호근, 〈해제〉, 카를 만하임, 《이데올로기와 유토피아》, 12쪽.

진, 태풍, 화재, 홍수 등 자연재해에까지 '역사적 사건'이라고 이름 붙인다. 특히 기록 경신이 주목을 끄는 스포츠 같은 영역에서 이런 일이 더욱 빈번하다. 기록을 깬다는 것은 역사를 새로 쓴다는 의미이다.

물론 사람들의 관심이 다양해지면서 '역사적 중요성'이 갖는 의미도 탄력적으로 생각하지 않으면 안 된다. 이런 이유로 매스컴에서 '역사적'이라는 말을 쓰는 것을 두고 '학지적 입장에서' 지나치게 못마땅해 할 것도 없다. 다만, 기사에 과도한 호들갑도 많은 듯하니 염두에 두자는 뜻이다.

사실 더 조심해야 할 영역은 사이비―역사의 영역에서 벌어지는 센세이셔널리즘sensationalism이다. 한때 조선시대 연구자들은 느닷없는 '국왕의 독살설'과 마주쳤다. 누군가 몰래 독을 먹여 암살했다는, 혹은 암살하려고 했다는 전제를 가지고 증거를 찾고 끼워 맞추는 서술로 독자를 끌어들이는 상업주의의 일환, 즉 돈을 벌려고 주목을 끌기 위해 만든 장치였다.

소설《영원한 제국》으로 널리 알려진 정조 독살설의 경우, 영남 남인 집안 일부에서 전해오는 사랑방 얘기였다고 한다. 일면 이해가 간다. 탕평蕩平을 명분으로 국정에 참여할 기회가 정조의 갑작스런 죽음으로 무산되면서, 그 상실감을 달래기 위해 지어낸 이야기의 하나였을 것이다.

기존 연구에서도 정조의 독살 가능성은 거의 없다고 봤지만, 최근 자료는 더욱 독살 가능성을 부정하고 있다. 정조가 주고받은 수백 장의 편지가 발견됨으로써 정조의 정적이자 독살설의 유력한 혐의자였던 심환지는 정조의 국정 파트너임이 드러났다.[*]
어떤 의학자는 당시 어의御醫와 주고받은 정조의 처방 논의를 보고, 뱃속에 화기火氣가 차는 증세에 정조 자신이 스스로 내린 처방이 화제火劑라서 병세를 악화시켰을 가능성을 제기하기도 했다.

그럼에도 불구하고 독살설을 굳게 믿는 사람들은 학계의 논증과 관계없이 계속 믿는다고 한다. 학계의 논증조차 '노론의 시각'이라고 매도하면서 말이다. 결국 학문적 논의마저도 진영 논리, 당색 논리로 덧칠하겠다는 것인데, 그래서 남는 것이 무엇일까? 불임不姙의 논리도 모자라, 증오의 논리를 재생산하려는 것일까? 이런 일은 독자들의 현명한 학습을 통해서만 막을 수 있다.

전체론의 허망함

이번엔 스케일이 큰 오류 사례를 살펴보겠다. '전체론적 오류holist fallacy'라고 불러야 할 이 현상은, 역사가가 전체 역사의 관점에서 세부 의미를 선별해야 한다는 잘못된 관념을 말한다. 역사가가 모든 것을 다 알기 전에는 아무런 선별 기준을 가질 수 없을 것이

---

[*] 성균관대학교 동아시아학술원, 《정조어찰첩》, 성균관대학교출판부, 2009.

라는 점에서 바보 같고 불가능한 방법이다. 역사가는 모든 것을 탐구하는 게 아니라, 어떤 역사를 탐구할 뿐이다. 역사가의 증거는 항상 불완전하고, 관점은 항상 제한되게 마련이다. 아무튼 이 오류의 대표적인 선구자가 헤겔이다.[*]

식물의 배아가 그 속에 나무의 전체 성질, 과실의 맛과 형태를 포함하고 있는 것처럼, 정신의 최초 발자취 역시 이미 역사 전체를 잠재적으로 포함하고 있다. 동방 제국의 사람들은 정신das Geist, 또는 인간이 그 자체로서 자유라는 것을 알지 못한다. 그들은 이것을 알지 못했기 때문에 현실에서 자유롭지 않다. 그들은 다만 한 사람만의 자유라는 것을 알고 있었을 뿐이다. 그렇기 때문에 이 같은 자유는 단순한 자의 횡포, 둔감 또는 그 자신 단순한 하나의 자연적 우연, 또는 자의에 불과한 열정이다. 따라서 이 한 사람은 전제군주이지 자유로운 성인은 아니다.

자유의 의식이 최초로 생긴 것은 그리스인에게서였고, 따라서 그들은 자유인이었다. 그러나 그리스인은 또 로마인과 마찬가지로 자유라는 것을 알고 있던 데 불과하다. 인간 자체가 자유라는 것을 알지 못했다. 플라톤도 아리스토텔레스도 이

---

[*] 게오르크 W. F. 헤겔, 김종호 옮김, 《역사철학 강의》, 삼성출판사, 1990, 〈서론〉. 이 책은 헤겔이 1822년에서 1831년까지 했던 역사 강의이다.

것을 알지 못했다. 그래서 그리스인은 노예를 소유했고, 그들의 생활 전체 및 그들의 빛나는 자유의 유지는 노예제도와 연결되어 있었다.

게르만의 여러 민족이 비로소 그리스도교의 영향을 받고서야 인간이 인간으로서 자유이고, 정신의 자유야말로 인간의 본질을 이룬다는 의식에 도달하였던 것이다. …… 요컨대 세계사란 자유 의식의 진보를 의미하는 것이며, 이 진보를 그 필연성에서 인식하지 않으면 안 된다.

헤겔은 역사에 석차를 매겼다. 동양, 그리스와 로마, 게르만이라는 역사의 주요 단계를 설정하고, "동방 세계는 단지 한 사람이 자유라는 것을 알고 있었을 뿐이고, 현대에 이르기까지 그러하다. 그리스와 로마 세계는 약간의 사람이 자유라는 것을 알고 있었다. 게르만 세계는 모든 사람이 자유라는 것을 알고 있다. 따라서 우리들이 역사에서 고찰하는 최초의 정치형태는 전제정치이고, 두 번째는 민주정치, 세 번째는 군주정치이다"라고 선언한다.
자유의 확대를 역사의 진보로 받아들이는 관념은 여기, 이 헤겔의 발상에서 연유한다. 그는 역사의 궁극적 주체를 세계정신 Weltgeist이라고 불렀다. 세계정신으로 나타나는 역사의 법칙은 개인의 뒤에서, 개인의 머리 위에서 저항하기 어려운 힘으로 활동한다. 자본주의의 발달로 상업이 전 지구적으로 확대되면서 사람들은 비로소 세계사(보편사Welt-Geschichite)의 관념을 갖게 되었다.

[그림 31] 게오르크 W. F. 헤겔

헤겔은 역사의 궁극적 주체를 세계정신Weltgeist이라고 불렀다.
세계정신은 역사에서 개인이 저항하기 어려운 힘으로 작용한다.
헤겔이 세계정신 관념을 주창하고 자본주의의 발달로 상업이 전 지구적으로 확대되면서
'전체 역사', 이른바 '대문자 역사History'가 있다는 생각이 싹트기 시작했다.

세계정신은 세계사의 새로운 형이상학적 구성물이다. 그 이전에 동아시아 사람들은 동아시아가 세계였다. 그러나 그들은 세계사라는 말을 쓰지 않았다.

헤겔 이후 무언가 '전체 역사'라는 게 있다는 생각을 갖게 되었다. 이를 흔히 '대문자 역사History'라고 부른다. 싫으나 좋으나 이 거대한 범위의 역사철학은 자본주의의 팽창과 함께 우리 머릿속에 '근대는 곧 이성의 자기실현인 자유의 역사의 종점'이라는 관념을 확실히 심어주었다. 프란시스 후쿠야마라는 사람은 지금까지도 헤겔 역사철학의 전도사로 활동하며 이름을 얻고 있다.

과거에도 난세, 소강小康, 대동大同 하는 식으로 세상 전체를 아울러 평가하는 일이 있었다. 요순시대를 일러 가장 태평한 시대라는 뜻에서 공도公道를 천하가 함께한다는 의미로 '대동시대'라하고, 우禹, 탕湯, 문왕文王, 무왕武王, 성왕成王, 주공周公의 시대를 일러 대동시대보다는 못하나 그래도 조금 다스려진 세상이라 하여 '소강시대'라고 했다.[*] 한 번 다스려지면 한 번은 혼란스러워진다는 뜻에서 치란治亂 모델을 적용하기도 했다.[**]

그러나 헤겔처럼 역사의 자유의 확대나 절대 이성의 자기실현

---

[*] 《예기》〈예운禮運〉.
[**] 《맹자孟子》〈등문공 하滕文公下〉에 "천하가 사람이 산 지 오래되었다. 한 번 다스려지고 한 번 어지러워졌다天下之生, 久矣, 一治一亂"라고 했다. 오항녕, 〈통일시대 역사인식을 찾아서〉,《삼국통일과 한국통일》하, 통나무, 1993;《조선초기 성리학과 역사학─기억의 복원, 좌표의 성찰》, 고려대 민족문화연구원, 2007 재수록.

이라는 관념에서 역사를 파악하는 사유는 독특한 근대의 현상이다. 이런 '일반적 세계사', '역사 일반Gschichite überhaupt'은 철학적 기획의 일환이었다. 시대정신, 혁명의 시대 등의 표현이 그 부산물이다. 역사 서술의 기준을 역사 일반에서 도출하고자 했던 것이다. 역사 서술에서 마치 미학에서나 요구되는 심미적 통일성을 추구하고, 역사에 도덕을 부당하게 요구하거나 끄집어내고, 결국 역사 자체를 이성적인 것으로 상정하고 인식하려 했던 역사철학에 접합되었던 것이다. "역사 개념 속에는 인류의 진보를 가속화하게 만들어주는 무한한 진보 개념이 담기게 되었다."[*]

이를 두고 철학이 역사를 체계화했다고 말하든, 철학과 역사의 수렴이 이루어졌다고 말하든, '역사철학'은 책임질 수 없는 일을 자임한 셈이 되었고, 실제로 역사학에서 볼 때 그다지 성과를 낸 것으로 보이지 않는다. 책임질 수 없는 일을 자임했다는 말은 진보의 이름으로 미래를 역사로 끌어들인 것을 말한다. 어떤 점에서 인간의 삶이 나아진 모습을 보여줄 수 있고, 그에 따라 낙관적인 희망이나 태도를 가질 수는 있다. 그러나 '전체 역사'가 진보일 수는 없다. 더구나 관념론의 상상 속에서 가능할지는 몰라도 미래를 역사로 끌어들일 수 없다. 그런 상상조차 불과 100년이 지나지 않아 1차, 2차 세계대전(제국주의 전쟁)을 거치면서 거둬들여

---

[*] R. 코젤렉·C. 마이어·O. 엥겔스·H. 귄터, 최호근 옮김, 《코젤렉의 개념사 사전 16—역사》, 푸른역사, 2021, 153~155, 166~167쪽.

역사학 1교시, 사실과 해석 ⟶●

야 했다. 아무튼 헤겔식의 전체사, '대문자 역사'는 이 책 1장을 시작하며 명시했던 경험학문인 역사학의 성격을 벗어난 것이다.

역사학에 보탬이 되지도 못했다는 말은, 헤겔의 《역사철학 강의》가 역사학의 후속 연구에 기여한 바가 없다는 말이다. 역사학자라면 누가 그의 논지와 자료를 자신의 역사학 저술의 근거로 사용하겠는가. "헤겔의 이론은 역사 자체에 대해서는 거의 도움이 되지 않았다. 그것은 역사 위를 철학적인 넓이로 떠돌 뿐이었다."[*] 역사학을 헤겔의 역사철학의 오염에서 구해내려는 역사학자들의 노력에서만 그의 이름이 발견될 뿐이다.[**]

---

[*] 요한 하위징아, 이광주 옮김, 《역사의 매력》, 도서출판 길, 2013, 38~39쪽.
[**] 대표적으로 라나지트 구하, 이광수 옮김, 《역사 없는 사람들》, 삼천리, 2011.

05

역사성이란 무엇인가

역사학도는 사실을 담은 자료를 '비판'하여 역사적 사건을 기록으로 남기고 의미를 탐구한다. 앞에서 이미 8세기 당나라 때 유지기가 역사를 남길 때 불필요한 글자를 지웠던 일도 살펴본 바 있다. 하지만 여전히 우리 앞에는 검증, 즉 비판을 기다리는 자료가 남아 있다.

가짜 문서와 편지들

마리우스가 소개한 트레버-로퍼의 사례는 위조문서가 드문 일도 아니고, 전문가라고 방심할 수도 없는 함정임을 보여준다.[*] '동양학자' 에드먼드 백하우스라는 사람이 있었다고 한다. 그가 1944년에 죽은 뒤 30년이 지나 그의 회고록이 발견되었고, 이는 옥스퍼드대학 보들리언도서관에 기증되었다. 그 회고록이 다소 외설적이라는 평이 있어 트레버-로퍼에게 분석이 의뢰되었다. 검토 결과, 백하우스는 위조자라는 것이 밝혀졌다. 그는 중요 문헌을 정교하게 위조했고, 그가 인용한 중국 문헌 자체도 엉터리였다.

트레버-로퍼는 백하우스가 왜 회고록까지 꾸며내면서 사기극을 벌였는지 고민했다. 그의 결론은 이러했다. "그에게 역사는 학문도 아니고 세상을 이해하는 수단도 아니었다. 보상심리의 대상이자 세상을 회피하는 수단이었다."

6년 뒤, 트레버-로퍼 교수는 논쟁이 된 역사 기록을 만났다. 새로 발견되었다는 아돌프 히틀러의 일기를 발췌한 독일 잡지 《슈테른*Stern*》의 1983년 기사였다. 경험이 풍부했던 트레버-로퍼는 그 일기에 대해 다음과 같이 평가했다. "하나의 문헌이든 이런 문헌이든 서명은 쉽게 위조할 수 있다. 그러나 35년에 달하는 기간에 대해 일관성 있는 기록을 조작하기란 무척 어려운 일이다. 비평가들은 틀림없이 공격을 가하겠지만 이런 문헌을 작성한 엄청난 노력은 쉽게 부정될 수 없다. 그 기록물은 사실 개별적으로

---

[*] 리처드 마리우스·멜빈 E. 페이지, 남경태 옮김, 《역사 글쓰기, 어떻게 할 것인가》, 83~85쪽.

[그림 32] 에드먼드 백하우스

역사학자는 사실을 담은 자료를 '비판'하여 역사적 사건을 기록으로 남기고 의미를 탐구한다.
여기에서 유의할 문제는 자료의 검증이다. 이 점에서 '동양학자' 에드먼드 백하우스의 사례는 유의미하다.
1944년 사망한 그는 죽기 전에 회고록을 남겼다. 그런데 이 회고록은 중요 문헌을 정교하게 위조하고,
중국 문헌도 엉터리로 인용하는 문제가 있었다.
죽기 전에 작성한 회고록까지 꾸미면서 사기극을 벌인 것이다.

검증이 가능한 문서의 집합일 뿐만 아니라 전체로서 일관성을 가진다. 일기는 그 일부분에 불과하다. 그것이 그 문헌을 신뢰할 수 있는 내적 증거이다.”

그러나 결국 이 일기는 위조임이 밝혀졌다. 트레버-로퍼 같은 명성이 높고 이론적으로 무장된 역사학자마저도 사기극에 말려들었던 것이다. 논문을 쓸 때 1차 사료의 진위를 따지는 경우가 많지는 않다. 그렇지만 검증되지 않은 사료라면 반드시 확인해야 한다. 다음 편지를 보자.

자경子卿 족하, 고매한 덕을 베푸시고 황제의 신하로서 명성이 자자하다고 전해 들었습니다. 기쁘기 그지없습니다. 흉노로 잡혀 온 이후 온갖 고초를 참으며 지내고 있습니다. 비바람을 막아주는 것은 오로지 가죽옷과 천막뿐이고 굶주림과 갈증을 채워주는 것은 비린내 나는 양고기와 시디신 양젖뿐입니다. 얘기를 나누려 해도 누구 하나 상대해 줄 사람이 없습니다.

자경 공, 저의 노모가 죄를 받아 죽임을 당하고 처자식 또한 누명을 쓰고 처형을 당했습니다. 저 자신도 세간에서 동정인지 경멸인지 모를 눈으로 쳐다보고 있을 것입니다. 공은 고향으로 금의환향하셨지만 저는 흉노의 땅에서 치욕을 당하고 있습니다.

공께서는 일찍이 흉노에 사신으로 가셨고 불운한 일을 당하셨습니다. 자결하는 데 실패한 뒤 멀리 땅끝으로 귀양 가서 죽을 지경에 이르지 않으셨습니까? 그런데 한나라 황실은 제가 나라를 위해 죽지 않은 충절에 대해 믿을 수 없을 만큼 가혹했고, 공이 충절을 지킨 데 대해서는 전속국이라는 조그마한 포상을 주었을 뿐입니다. 모쪼록 저를 잊어주십시오.[*]

이는 이릉李陵이 소무蘇武에게 보낸 편지이다. 이릉은 한 무제 때 명장인 이광李廣의 손자로, 보병 5,000명을 거느리고 흉노를 정벌하러 갔다가 패하여 항복했다. 한 무제는 이릉이 흉노에게 용병술을 가르친다는 말을 전해 듣고 그의 가족들을 모두 죽였다. 이때 사마천이 이릉의 사정을 변론하다가 궁형을 받았다.

소무 역시 한 무제 때 흉노에 사신으로 갔다가 19년간 억류되어 바이칼호에서 고초를 겪었다. 흉노는 "숫양이 새끼를 낳으면 본국으로 돌려보내겠다"고 하면서 음식도 주지 않아 소무는 내리는 눈과 깃발에 달린 가죽을 먹으며 19년을 살았다.

이릉은 소무에게 편지를 보내, 자신의 충성심에도 불구하고 한 무제가 자기 가족을 처형한 데 분노했다. 이 글은 유명한 선집인 《문선文選》에 실려 전해졌고, 이릉의 문집 《이릉집李陵集》에도 실려 있었던 듯하다. 그러니 다들 이 편지를 실제 이릉이 보내고 소

---

[*] 李陵, 〈答蘇武書〉, 梁 昭明太子 엮음, 《文選》 권41. 소명태자는 양나라 소통蕭統 (501~531)이다.

무가 받았던 것으로 생각했다. 하지만 유지기는 이 편지에 의심을 품었다.

《이릉집》에 실려 있는 〈소무에게 보내는 편지〉는 그 문장이 장하며 아름답고 음운도 흐르는 듯 뛰어나다. 아무래도 문체를 보면 전한前漢 사람의 작품이라고는 생각되지 않으며, 후세의 사람이 지어서 이릉의 작품이라고 가탁한 듯하다. 사마천의 《사기》에 실려 있지 않은 데는 그럴 만한 이유가 있을 것이다. 《이릉집》에 편찬되어 있는 것은 오류일 것이다.*

유지기가 보기에 문장은 좋은데 문체가 당시 문체로 보기 어렵다는 것이다. 그래서 사마천이 《사기》에 수록하지 않았다고 추성했고, 《이릉집》에 실린 것도 잘못이라고 판단했던 것이다. 훗날 송나라 시기의 소식蘇軾도 같은 의견이었다.

세상에 저의 시문을 보관하는 자가 많지만 대체로 진품과 가품이 반반씩이고 또 자구가 대부분 세상 사람들에 의해 뒤바뀌어, 그 글을 읽어보면 사람을 불쾌하게 만듭니다. 그러나 이 또한 괴이하게 여길 것이 없으니, 진품을 아는 자가 적은

* 유지기, 《사통 외편》 9, 〈주요 역사서 비평III[雜說 下]〉, 886쪽.

것은 예로부터 근심거리였습니다.

양梁나라 소통蕭統이 편집한 《문선》을 세상 사람들은 훌륭하다고 여기고 있으나, 내가 보건대 문장이 졸렬하고 식견이 비루하기로는 소통 같은 자가 없습니다. 이릉과 소무가 장안長安에서 작별하면서 시를 지어주었다고 했는데, 이 시에 강한江漢이란 말이 있고 또 이릉이 소무에게 준 편지는 문장이 가볍고 깊이가 없으니, 이것은 남조南朝의 제齊나라와 양梁나라 사이의 아이들이 흉내 내어 지은 것이지 결코 서한西漢시대의 문장이 아닙니다. 그런데도 소통은 이것을 깨닫지 못하였고, 유자현劉子玄(유지기의 자字)만이 홀로 이것을 알았습니다.[*]

아마 소식 역시 문장과 시로 유명하니까 그의 작품도 위작이 시중에 나돌았나보다. 말 나온 김에 앞서 제시했던 이릉의 편지에 대해 언급했는데, 이 편지는 위작이라는 게 소식의 판단이다. 서한, 즉 전한시대의 문장이 아니라는 것이다. 《문선》의 편찬자인 소통은 몰랐고, 유자현 즉 유지기만 이 사실을 알았다고 했다.

근대에 들어서도 이런 가짜 자료에 대한 고민은 이어졌다. 베른하임의 말을 들어보자.

---

* 蘇軾,〈答劉沔都曹書〉,《東坡全集》권76.

① 사료의 형식이 문자와 구성 면에서, 그 사료에 등장하거나 추정되는 성립 연대나 지역의 다른 사료와 비교할 때 그 특징이 일치하는가?

② 사료의 내용이 그 시대와 지역에서 나온 검증된 다른 사료의 내용과 일치하는가?

③ 사료의 형식과 내용이 그 사료가 속한 시대 발전의 특성과 환경에 적합한가?

④ 그 사료의 내면 또는 외면에 인공적이거나 위조 흔적이 보이지 않는가?[*]

이 말을 현대 기록학의 개념에 적용하면 진본성眞本性(Authenticity)의 문제라고 할 수 있다. 전자 기록이 일반화된 현재, 기록의 성격(품질, 자격)을 결정짓는 4대 요소가 강조되고 있다. 바로 진본성, 무결성無缺性(Integrity), 신뢰성信賴性(Reliability), 이용 가능성 Usability이다.[**] 이용 가능성은 전자 기록의 속성상 2바이트 기호를 읽어낼 수 있는 어플리케이션의 필요에서 유래한 속성이므로 비교적 현대의 개념이지만, 나머지 세 속성은 이미 오래전부터 사료 비판에 그 뿌리를 두고 있는 개념이다.

진본성은 '기록의 물리적 특징, 구조, 내용과 맥락 등을 포함하

* 에른스트 베른하임,《역사학 입문》, 142~143쪽.
** 4대 요소는 〈공공기록물 관리에 관한 법률〉 제5조에도 명시되어 있다.

여 내적·외적 증거로부터 추론할 수 있는 기록의 품질로서, 어떤 기록이 위조되지 않은 원래 그대로의 것이며, 훼손된 바 없는 상태인 것을 지칭'하는 용어이다.[*] 즉 진-위를 가르는 기준이 진본성이 된다. 쉽게 말해 '이'《태종실록》이 조선 실록청에서 편찬한 것이 맞는지, '저'《난중일기》가 이순신 장군이 쓴 일기가 맞는지를 따지는 것이다. 편지의 수결手決, 전교傳敎에 찍힌 어보御寶 등은 진본성을 확인하는 중요한 기준이다.

무결성은 실록이나 일기가 훼손, 변조, 손상되지 않고 기록의 정체성을 유지하고 있는지의 문제이다. 진본성과 무결성은 떼어 생각하기 어렵고, 무결성을 진본성에 포괄되는 개념으로 봐도 무방하다고 볼 수도 있다. 그래도 진본성이 생산자와 관계된 개념이라면, 무결성은 생산 이후의 관리, 보존 단계에서 문제가 된다. 이를테면 사초를 훔치거나, 도려내거나, 누설하거나(비밀일 경우), 지우는 행위[**]가 여기에 해당된다. 일기가 전사傳寫되면서 수정, 변개되는 것에 대한 검증 역시 무결성이라는 주제에 해당한다. 《실록》이나 《승정원일기》도 이런 경우가 있지만, 일기 역시 원본에 글씨를 겹쳐 쓰거나, 먹줄로 삭제하거나, 아예 일기 전체를 후손이 다시 옮겨 쓰면서 변개하는 경우도 있다.[***] 전자 기록에서

---

[*] 한국기록학회, '진본성', 《기록학 용어사전》, 역사비평사, 2008, 237쪽.
[**] 《세종실록》 31년 3월 2일(임오).
[***] 이성임, 《溪巖日錄: 1603~1641》에 대한 자료적 검토》, 《한국사학보》 57, 2014.

는 접근 제어 기능이나 로그인 흔적을 남기는 메타데이터를 통해 무결성 여부를 확인할 수 있을 것이다.

신뢰성은 해당 기록에 담긴 정보 내용의 신뢰성을 말한다. 숙종조 갑술양전甲戌量田의 전결田結을 기록한 《비변사등록備邊司謄錄》의 내용이 믿을 수 있는지, 2023년 인구 통계를 기록한 통계청 문서의 통계가 믿을 수 있는 정보인지를 묻는 것이다.

이렇듯 진본성, 무결성, 신뢰성은 사료 비판이라는 이름 아래 역사 연구에서 일차적으로 맞닥뜨리는 주제이며, 훈련의 첫걸음이기도 하다. 어쩌면 사료를 다루는 역사학자들은 이 요소와 하루 종일, 아니 평생 씨름하고 있다고 볼 수 있다. 그런 까닭에 유지기는 역사 편찬에서 사료 수집의 적절성[採纂], 인습의 오류와 병폐[因習], 직서의 전통과 모범[直書], 곡필의 사례와 영욕[曲筆] 등을 서술하여 역사 기록의 진위, 왜곡, 신뢰라는 핵심 주제를 강조했던 것이다.

벌거숭이 임금님

이렇게 조심하고 또 조심해도 피할 수 없는 경우가 있다. 사람은 사회적 동물이라서 좀처럼 다른 사람들이 대개 옳다고 하는 걸 혼자 아니라고 하기 어렵다. 사람은 대열을 무너뜨리느니 차라리 자신의 목숨을 내놓는 존재이고, 때론 생존보다 사회적 매너를 더 중시하는 존재이다.[*] 역사 탐구에도 이런 일이 있다. 남들이 그렇다니까 알면서도 침묵하며 따르든지, 아예 의심하지도 않는 것이다. 광해군 대에 대한 인식이 그러하다.

① 선조의 뒤를 이은 광해군은 전쟁의 뒷수습을 하고자 노력하였다. 먼저, 토지대장과 호적을 새로 만들어 국가 재정 수입을 늘렸고, 질병으로 피폐해진 산업을 일으켰다. 또 성곽과 무기를 수리하고 군사훈련을 실시하는 등 국방에 힘을 기울였다. 그리고 전란 중에 질병이 널리 퍼져 인명의 손상이 많았던 경험을 되살려 허준으로 하여금 《동의보감》을 편찬하게 하였다.^{**}
② 광해군은 대내적으로 전쟁의 뒷수습을 위한 정책을 실시하면서 대외적으로는 명과 후금 사이에서 신중한 중립 외교 정책으로 대처하였다.^{***}

---

* 달리와 라타네의 실험이다. 세 명을 한 방에 들어가게 하고 설문조사를 한다. 잠시 후 그 방에 연기를 흘려보냈다. 두 명의 공모자는 모르는 척 설문을 작성했다. 그러자 한 명의 피실험자는 당황하면서 둘을 쳐다보았다. 둘은 어깨를 으쓱하며 무시했다. 결국 그는 기침까지 하면서 자리를 이탈하지 않고 주술에 걸린 듯 가만히 앉아 있었다. 로렌 슬레이터, 조증열 옮김, 《스키너의 심리상자 열기》, 에코의서재, 2004, 110~111쪽.
  ** 중학교 《국사》 7차, 2002, 151쪽.
*** 고등학교 《국사》 7차, 2002, Ⅴ. 조선의 성립과 발전 3. 왜란과 호란의 극복, 광해군의 중립외교, 113쪽.

이 서술은 2009년 교육과정 교과서(검정), 2012~2013년 교과서(검정)에서도 변하지 않았다. 조사한 바에 따르면 이미 미군정기~2차 교육과정 교과서,[*] 국정 교과서였던 3차~6차 교육과정 교과서 때도 마찬가지로 서술하고 있었다.[**]

먼저 '토지대장'이나 '양전'이라는 용어를 써서 광해군 대에 '양전量田을 시행했다'는 서술을 검토해보자. 임진왜란 이후 국가에서 파악한 전체 전결田結은 113만 결에서 29만 결로 줄었다. 1603년(선조36) 계묘양전癸卯量田의 결과이다. 한데 이 전결 수는 1634년(인조12) 갑술양전甲戌量田의 전결 수와 차이가 없다. 즉 계묘양전부터 인조 12년까지 양전이 시행되지 않았다는 의미이다.

둘째, 선혜청은 1608년 5월 7일 대동법을 시행하기 위해 설치되었다. 광해군이 2월 2일에 즉위했으니, 광해군 즉위년이다. 그러나 1년도 채 되지 않아 광해군은 선혜청의 경기 대동법과 자신의 견해가 다르다고 분명히 선언했고, 확대 실시 주장에도 반대했다. 결국 확대 실시는커녕 방납이 다시 등장했다. 이항복李恒福, 이덕형李德馨의 반대에 힘입어 선혜청은 유지되는 쪽으로 가닥을 잡았다. 그러나 결국 광해군은 선혜청을 오래 둘 것이 못 된다고 결

---

[*] 진단학회, 《국사 교본》, 군정청 문교부, 1946; 이병도, 《우리나라 생활》(중등 사회생활과), 동지사, 1950(4283 검정); 신석호, 《중등학교 사회생활과 우리나라의 생활(국사 부분)》, 1948 등이다.

[**] 오항녕, 〈광해군 대 경제정책에 대한 교과서 서술〉, 《조선시대사학보》 83, 2017.

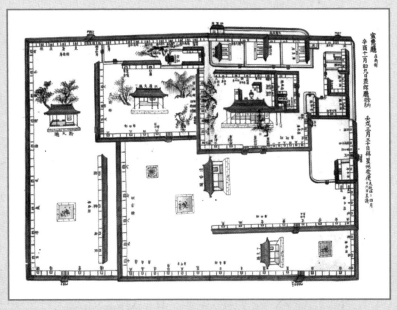

[그림 33] 선혜청

교과서에는 광해군 대에 '양전을 시행했다'고 서술되어 있다.
그러나 사실과 수치, 논리 어느 쪽으로 보더라도 광해군 대의
'양전 시행'이라는 교과서 서술은 옳지 않다. 대동법을 시행하기 위한 선혜청은
광해군 즉위년인 1608년 5월 7일에 설치되었다. 그러나 광해군은 선혜청의 경기 대동법이
자신의 견해와 다르다고 선언했고, 확대 실시 주장에도 반대했다.
그림은 조선 말기의 문신 한필교韓弼敎(1870~78)가 편찬한 화집
《숙천제아도宿踐諸衙圖》에 실린 선혜청의 모습.
＊ 소장처: 하버드대학교 엔칭도서관.

론 내렸다. 이런 상황에 대해 사관은 다음과 같이 기록했다.

선혜청의 법은 백성에게는 매우 편하고 각 관청의 하인과 시장에서 방납防納하는 무리에게는 매우 불편하다. 그러므로 각 궁에 속해 있는 하인에게 청탁하고 서로 뜬소문을 내어 기필코 없애고 말려고 하고, 상(광해군)의 뜻도 대동법에 대해 만족스럽게 여기지 않는 데가 있어 매번 편치 않다는 전교를 내렸다. 그래서 경기 백성들이 허둥지둥 상소를 가지고 대궐에 달려와서 울부짖었던 것이다.*

따라서 '민생 안정', '국가 재정 확보'라는 위민 정책을 핵심 용어로 삼은 위의 교과서 서술은 당대 사료나 학계의 최근 연구와 차이가 있다. 사실과 수치, 논리 어느 쪽으로 보더라도 광해군 대의 '양전 시행'이라는 교과서 서술은 옳지 않다. 선조 대 경기 지역 공납제 개혁의 연장선상에 있던 선혜청 역시 왕실과 권력자들인 방납 세력의 방해, 광해군의 몰이해로 유명무실 상태에 빠진 것이 현실이었다.

왕실과 연관된 노비나 토지에 대한 과세를 확보하지 못한 상태에서 광해군 대 경기 선혜청의 수세 구조는 여분을 남기지 않을

* 《광해군일기》(중초본) 2년 3월 22일(무술).

만큼 꽉 짜인 상태로 운영되고 있었다. 흉년이 들거나 별도의 지출이 발생할 경우 이를 흡수할 탄력성이 없었다. 그런데 '별도의 지출'은 매우 높은 강도로 광해군 대 내내 지속되었다. 재정을 파탄 지경으로 몰고 갔다. 바로 궁궐 공사였고, 이는 반정으로 광해군이 쫓겨나고 나서야 중지되었다.

궁궐 공사에 드는 자재와 인력은 대동법을 근원적으로 부정하는 성격을 지니고 있었다. 백성들의 공물 부담을 줄이려고 작미作米를 하고 전세화田稅化하는 것인데, 오히려 궁궐 공사는 돌, 나무, 철, 끈, 염료 등 공물의 추가 수취를 수반했기 때문이다.[*] 광해군 초반의 개혁 정책이 퇴색하는 계축옥사 이후에는 방납이 단순한 부활에 그치지 않고 궁궐 공사를 이권으로 삼아 더욱 기승을 부리면서, 어떠한 잡역세도 방납을 거치지 않고는 납부가 불가능한 구조가 되었다.[**]

학계에서 공통적으로 지적했던 광해군 대 궁궐 공사는 단순히 궁궐을 짓는다는 하나의 사건으로 끝나지 않았다. 첫째, 궁궐 공사는 공납제 개혁, 즉 선혜법宣惠法의 실시에 영향을 끼쳤다. 둘째, 공납제 개혁의 방해가 되었을 뿐 아니라 추가 부세를 초래했다. 셋째, 지방 재정을 파국으로 내몰았다. 넷째, 강제 기부가 의

---

[*] 오항녕, 《광해군, 그 위험한 거울》, 너머북스, 2012, 6. 과대 소비의 소용돌이.

[**] 김성우, 〈光海君 치세 3기(1618~1623) 국가재정 수요의 급증과 농민 경제의 붕괴〉, 《대구사학》 118, 2015.

심되는 공사 자재의 증여가 이루어졌다. 다섯째, 궁궐 공사 비용 마련을 위해 매관매직 등이 성행했다. 여섯째, 광해군 자신이 궁궐 공사에 몰두하여 국정을 소홀히 했다. 일곱째, 무엇보다 북방에서 후금이 발흥하던 시기에 궁궐 공사는 국방을 약화시켰다. 광해군의 궁궐 공사는 왕권 강화라는 측면에서 결코 좋은 방책이 못 되었다. 민생을 도탄에 빠트렸던 궁궐 공사는 그를 혼군昏君, '정책 판단 능력이 흐린 혼미한 군주'로 만들었던 것이다. 율곡 이이는 "처음에 정치를 잘하려는 뜻은 있으나 간사한 자를 분별하는 총명함이 없고, 믿는 이가 어질지 못하고 관리들은 실력이 없어서 패망하게 되는 자가 혼군이다"라고 했는데, 광해군이 그러했다.[*]

이상이 광해군 대 경제 정책('정책'이라고 말할 수 있다면)의 실상이었다. 조선과 만주를 일거에 통치하려는 제국주의 만선사관滿鮮史觀의 주창자였던 이나바 이와키치는 1930년대에 그나마 양심이 있었던지 어지러웠던 광해군 대의 내치는 눈감으면서 외교만 놓고 광해군을 '백성에게 은택을 입힌 군주'라고 추켜세웠다. 광복 이후 21세기 한국 사학계의 역사 교과서는, 이나바의 '중립외교' 칭송을 순순히 떠받드는 것도 모자라, 백성들을 구렁텅이로 몰아넣었던 광해군 대의 내치마저도 왜곡하고 높이 평가하면서

---

[*] 《율곡전서》 권15 《동호문답(東湖問答)》, 〈논군도(論君道)〉, 한국고전번역원, 1968.

후학들에게 가르치고 있다. 내가 정작 궁금한 것은 바로 이런 한국 현대사학사, 한국 현대지성사의 병리 현상이다. 한스 안데르센의 '벌거숭이 임금님'은 우화 속이 아니라 지금 우리 주위에서 배회하고 있다.

이 주제를 여기서 다루기는 어렵다. 다만 이런 병리 현상의 한복판에 역사 공부의 핵심, 바로 역사성에 대한 혼동이 있다는 점은 짚고 가고 싶다.

현재주의에 치인 역사성

광해군이 '뜨게 된' 정서를 나는 이렇게 짐작한다. '그때 근대국가로 갔으면 식민지를 안 겪을 수 있었을 텐데'라는 아쉬움……. 누차 얘기했지만 이는 역사학적 질문이나 논제가 될 수 없다. 왜? 일어나지 않은 일이기 때문이다. 그런데 한국 역사학은 꽤 오랫동안, 지금도 상당히, 이런 역사학 아닌 역사학에 일부 오염되어 있다.

사상사에도 이런 증상이 있다. 광해군이 반정으로 쫓겨난 이후 17세기의 사상사에 대한 인식이다. 체제 교학教學인 주자학에 대한 회의와 화이론적 세계관의 변화가 조선 사상사에서 핵심적인 전환으로 설명되었다. 그래서 윤휴尹鑴와 박세당朴世堂 같이 '사문난적斯文亂賊'으로 탄압받은 인물들의 견해나 해석이 진보적·계몽적이라고 '간주'되었다. 다카하시 도루 같은 일제 식민 당국의 어용학자가 조선 유학사를 깎아내린 '식민사관'에 대한 뿌리 깊은 문제의식이었다.[*] 그러나 안타까운 대응이었고 프레임에 갇힌 대응이었다.

지금 무엇보다 성찰해야 할 부분은 조선시대의 역사성을 짓누르는 근대주의일 것이다. 자본주의 본원적 축적과 농민층 분해와 같은 이론을 조선 후기에 획일적으로 적용하는 경향에 대한 학계의 우려와 비판은 이미 오래되었다. 그렇지만 조선시대 연구에서 나타나는 근대주의는 매우 조밀하고 깊게 뿌리박혀 있다. 〈표 2〉는 그동안 나타난 조선시대사 연구와 서술의 프레임을 정리한 것이다. 조선시대 서술에서의 과잉 해석이나 오류는 대부분 실학, 상품화폐경제의 발달, 세계관과 신분제의 변화를 둘러싼 용어, 서술, 시대상에서 나타났다. 〈표 2〉는 그것이 우연이 아니라는 점을 보여준다.

타율성론과 정체성론은 같은 맥락에서 제시되었지만 논리적으로 보면 차이가 있다. 타율성론은 내재적 발전론으로 대응했으니, 내재적 발전론이란 본디 타율성론에 대한 비판이었다. 한편 자본주의 맹아론은 정체성론에 대한 반박이었다. 자국사, 국민주

---

[*] 오항녕, 〈늦게 핀 매화는 한가로운데―고봉 기대승高峯 奇大升의 사상사적 좌표에 대한 시론試論〉, 《한국사상사학》 52, 2016; 강지은, 이혜인 옮김, 《새로 쓰는 17세기 조선 유학사》, 푸른역사, 2021, 28~40쪽; 허태용, 〈'성리학 대 실학'이라는 사상사 구도의 기원과 전개〉, 《한국사상사학》 67, 2021.

식민사관	대응 논리	프레임
타율성	내재적 발전	진보사관(목적론)
정체성	자본주의 맹아	자본주의 축적
성리학 공리공담론	실학	계몽주의
사대주의	민족주의[*]	국민국가
당쟁론	붕당론	정당민주주의

의(민족주의), 과학이라는 키워드로 등장했던 '실학'은 18~19세기
서구 계몽주의를 모델로 했고, 국제질서를 설명하는 사대주의-
국민주의(민족주의)는 국제법상 국민국가 성립사의 역사적 투영이
었다. 붕당정치가 근대 정당론을 조선 정치사에 투영한 것임은
말할 것도 없다. 이러한 프레임과 프레임을 구성하는 이데올로기
는, 밀도와 강도의 차이는 있어도 서로 강화하거나 상호 논거가
되는 방식으로 조선 후기사 서술을 지배해왔다.

자본주의적 근대로의 전환이 내재적 발전의 형태로 전개된 역
사를 가진 사회는 영국, 프랑스뿐이라고 해도 과언이 아니다. 19
세기 전후로 자본주의는 식민지 쟁탈이나 제국주의 국가 간 전쟁

---

[*] 흔히 한국 학계에서 사용하는 민족주의는 Nationalism의 번역어이며, 이는 국민
주의로 해석해야 옳다. Nation-state가 민족국가가 아닌 국민국가이듯 말이다.
국민국가는 종족, 민족이 달라도 법적인 자격을 획득하면 국가의 성원인 국민이
된다는 뜻의 19세기 문명의 소산이다.

을 통해 확산되었고 그 과정은 세계사에 유례가 없을 만큼 폭력적으로 진행되었다. 이런 역사적 경험을 도외시하고 '자본주의 발전의 내적 증거'를 조선시대사에서 찾으려고 하는 것은 비역사적 접근이며 결과론의 오류를 자초할 가능성이 훨씬 크다.

세계 200개가 넘은 근대 자본주의 국가 중 이미 경제·군사적으로 10위권에 도달해 있고, 일제강점기의 민족해방투쟁을 시작으로 4·19혁명과 5·18항쟁, 6·3항쟁, 2017년 촛불혁명 등 유례없는 높은 민주주의 정치 역량을 보여주고 있는 시점에서, 이 같은 목적론과 결과론적 오류가 넘쳐나고 근대주의 이데올로기에 빠진 역사 교과서를 중고등학교 학생들이 배워야 한단 말인가. 이는 과거 역사를 결과주의적·현재주의적으로 포맷한 것이다. 역사교육의 현재성이 현재를 목적론적으로 합리화하는 것인가. 그것도 역사를 프로크루스테스의 침대에서 재단하는 방식으로 말이다. 오히려 현재성은 정반대의 접근이 더 가치 있고 효과적일 것이다. 역사교육은 현 자본주의와 대의민주주의 체제가 안고 있는 모순, 과제, 문제점을 극복할 수 있는 경험과 근거를 찾아주어야 하지 않을까. 그럴 때 필요한 것은 현재주의적 포맷이 아니라 역사성의 회복일 것이다.

이런 현실을 이해하지 못할 바는 아니다. 역사의 변화가 '진보'라는 이름으로 역사철학의 수중에 들어가자, 과거와 현재와 미래 사이에 위계가 생겼다. 프랑스대혁명과 산업혁명이라는 정치-경제 영역의 2대 혁명은 상상하기 어려운 변화의 속도와 깊이를 가져왔다. 과거를 돌아볼 틈이 없었다. 현실은 과거를 압도했고, 그 현실을 사는 사람들에게는 과거보다 미래가 중요했다. 이 실제 변화와 압도감 때문에 현재주의의 강화와 역사성에 대한 무시가 만연했을 것이다. 그럴 수 있겠다 싶지만, 사실도 아니고 바람직하지도 않다.

역사성이란?

역사성의 가장 단순한 측면은 지금 세상이 영원하지 않고 언젠가 변한다는 것이고, 우리가 사는 시대는 과거 시대와 달랐고 장차 달라질 것이라는 점이다. 과거의 역사성을 모른다는 것은 현재의 역사성 역시 인식하지 못한다는 것이다. 나는 역사교육의 첫 번째가 바로 이 역사성을 인식하는 것이라고 생각한다. 그래야 현재의 눈으로 과거를 재단하지 않고, 현재의 문제 때문에 미래를 지레 좌절하지 않는다고 믿는다. 이 훈련은 역사성이 가진 다음 세 측면에 대한 관찰을 통해 수행할 수 있다.

① 조선의 농사와 한국의 농사, 과거제도와 고시考試, 상평통보와 한국은행권, 사史와 역사 등, 현상적으로는 비슷한 것 같은데 시대에 따라 다른 사실史實.
② 왕과 대통령, 왕정과 가족제도, 편지와 카톡 등, 현상적으

로 다른 것 같은데 비슷한 사실.

③ 농노, 노동자, 귀양, 경운기, 전기電氣, 시대에 따라 있거나
   없는 사실.

역사성의 문제를 조선시대에 적용시켜보자. 지금도 농업은 산
업이고, 농민은 쌀을 생산한다. 지금도 여전히 시험이라는 제도
가 존재한다. 그러나 그 역사성은 다르다. 그러면 조선시대의 농
업과 시험은 어떻게 다른가?

① 농업과 쌀
• 조선시대: 농업 – 쌀 – 자급자족 – 사용가치
• 21세기: 농업 – 쌀 – 상품 – 교환가치
② 과거시험과 고시
• 과거시험: 급제하여 문반의 직역職役 수행 – 신분의 유지
• 사법고시: 합격, 판검사로 출세 – 계층 또는 신분 상승

①에서, 농업은 놓여 있는 그 사회구성체에서 처한 위치와 쌀
의 운동 메커니즘에 따라 그 속성이 달라졌다. 현상적으로 같아
보이는 과거시험과 고시가 전혀 다른 공무원 시험이라는 점과 마
찬가지이다.

②에서, 신분 유지와 계층 상승의 차이, 이것이 같은 관료제이
면서도 조선과 대한민국의 관료제가 서로 다른 역사성을 띠는 것

이다. 그러므로 과거와 고시가 '출세'라는 동일한 말을 사용하면서도 어떤 역사적 맥락에 놓여 있느냐에 따라 그 성격이 달라진다. 그래서 관직에서 떨려나는 파직도 의미가 다른 것이다.

조선시대의 파직은 요즘처럼 상승(보장)되었던 신분이 하락(박탈)하는 것이 아니라, 신분은 유지되지만 직책이 없어지는 것이었다. 또 파직은 되었어도 관작官爵, 즉 통정대부, 자의대부 하는 품계는 유지할 수 있었다. 더 무거운 죄를 지어 관작까지 삭탈하는 경우와 성문 밖으로 내쫓거나 귀양을 보내기도 하는 식으로 처벌 수위가 높아지더라도 양반이라는 신분이 없어지는 것이 아니기 때문에 언제든지 관작을 회복할 수 있었다.

같은 이유에서 양반이 과거에 급제하여 관직에 나가는 것은 권리이면서 의무였다. 과거에 급제하지 못하는 것은 의무를 다하지 못하는 것이 된다. 그렇기 때문에 학문의 근본은 인격의 완성에 있다고 보았던 이황李滉도 자손들에게 과거급제를 당부했던 것이다.[*] 혹자는 이를 두고 퇴계가 겉으로는 인격 완성을 주장하면서 속으로는 아들 고시 합격시키려고 애쓰던 이중인격자라고 말하기도 하는데, 그것은 과거제도의 역사성을 놓친 해석이라고 할 수 있다. 퇴계의 말은 요즘으로 치면 나이가 된 청년에게 "군대 가야지"라고 하는 말과 같다.

---

[*] 이황, 정석태 옮김, 《안도에게 보낸다》, 들녘, 2005.

[그림 34] 이황

조선시대에 양반이 과거에 급제하여 관직에 나가는 것은 권리이면서 의무였다.
이황이 자손들에게 과거에 급제해야 한다고 한 말은 과거 낙방이
양반의 의무를 다하지 못하는 것이라는 인식에 따른 것이었다.
이황이 겉으로는 학문을 통한 인격 완성을 말하면서
속으로는 아들의 과거 합격에 매달린 이중인격자라고 말하는 것은
이 같은 과거제도의 역사성을 제대로 알지 못한 비판이다.

역사성 부재의 압권은 성리학(신유학)과 관련된 서술이다. 성리학은 유럽에 비유하면 기독교, 성서, 교회, 정치, 경제, 일상, 교육으로 나타난 사상이나 이데올로기, 제도이자 현실 자체에 해당한다. 성리학은 조선 전기 사림의 성장과 연관하여《소학小學》이 언급되고 제사, 상속에서《가례》정도가 언급될 뿐이다. 명분, 의리라는 말로 사대주의와 결합하거나. 이런 상황에서 실학만 강조하다보니 정작 실학은 무엇을 비판하러 등장한 것인지 서사敍事의 완결성마저 흔들리는 것이다. 당초 신기루 같은 서사였지만 말이다. 설사 조선 후기에 말폐를 드러내더라도 조선 전기부터 성리학(신유학)의 전개를 통해 설명할 수 있는 역사성은 적지 않다. 왕도정치, 경연, 실록, 향약, 서원 외에도 아직 풀어야 할 사실과 서사는 많다. 어떤 역사적 실재에 대한 긍정-부정의 문제 이전에, 그 시대적 기능, 즉 역사성을 탐구하는 주제나 질문이 먼저이다.

에필로그

누구나 '참 좋은 질문입니다!' 하는 칭찬을 듣고 흐뭇했던 적이 있을 것이다. 어느덧 '질문하세요'라는 말을 더하는 처지가 된 요즘, 가끔 좋은 질문이 무엇인지 생각해본다. 맥락을 잘 이해할 수 있는 질문, 꼭 필요한 보완점을 메워주는 질문, 특히 또 다른 생산적인 질문을 낳는 질문……. 이런 질문이 좋은 질문일 것이다.

우리 인생에서 어떻게 할까, 이게 뭘까, 묻지 않는 순간이 있을까. 어려서부터 보는 시험에서 시작하여, '내가 죽을 때 무슨 말을 할까?' 하는 질문까지 참 많이도 묻고 살았다. 거기서 얻은 소박한 깨달음이 있다면 좋은 질문이란, 답은 없는데 질문하는 것 자체로 힘이 되는 질문이 아닐까 싶다. 어떤 질문은 즉각 답을 요구하지만, 그런 류의 질문은 답이 안 보인다. 더러 답인 듯했다가 아닌 것 같고, 그렇게 손아귀에서 빠져나가는 질문이 있다. 그런 질문은 손아귀에 있을 때도, 빠져나간 다음에도 주위를 맴돌면서 내공을 테스트한다. 이런 질문이 '화두話頭'이고, '말씀'이라고 생각한다. 그래서 공자는 "어찌할까 어찌할까 하면서 깊이 생각지 않는 사람에 대해서는 나도 어찌할 수가 없다"고 했을 것이다.[*]

이 중 답을 얻는 과정이 오래 걸리고 힘든 건 아포리아aporia, 곧 난제, 어려운 문제라고 한다. 난제란 '어렵지만 풀려고 애쓰다 보면 답을 내지는 못해도 이해가 깊어지는 문제'라고 생각한다. 남녀와 부부의 사랑, 벗과 나누는 우정이란 무엇인가 하는 질문부터 사회의 정의, 교육의 목적에 대한 질문 등이 이런 아포리아에 해당할 것이다.

아포리아는 두 가지 측면에서 우리에게 유리하다. 첫째, 많은 답이 이미 나와 있기 때문에 그 답을 참고하면 우리가 제출할 답안이 크게 틀리지 않을 수 있다는 경험의 선물이라는 점이다. 둘째, 누구에게나 다 어려운 문제니까 못 풀어도 자격지심을 가질 필요가 없다는 점이다. 성의껏 접근하는 마음만 유지하면 된다. 이 책에서 다루었던 사실과 해석이라는 주제 또한 그러했다.

역사에 대한 이야기, 설명, 묘사, 해설이 아름다운 문장으로 펼쳐졌으면 한다. "위대한 역사가는 의미 있는 역사적 사실로 엮은 이야기를 들려줌으로써 독자의 내면에 인간과 사회와 자신의 삶

---

[*] 《논어論語》〈위령공衛靈公〉, "不曰如之何如之何者. 吾末如之何也已." 나는 여기에서 힌트를 얻어 자호自號를 '여하如何'로 했다.

에 대한 생각과 감정의 물결을 일으킨다. 역사는 사실을 기록하는 데서 출발해 과학을 껴안으며 예술로 완성된다." 이 말은 역사가 문학이라는 말이 아니다. 그러나 "훌륭한 역사는 문학이 될 수 있으며 위대한 역사는 문학일 수밖에 없다고 믿는다."[*] 위대한 역사가는 예술성·창조성을 보여주기 때문이다. 물론 역사는 '지어낸 창작물'이 아니다. 없는 사실을 지어내면 역사가 아니다. '서술하되 지어내지 않는다[述而不作]'는 공자의 말[**]은 동서고금을 막론하고 역사학의 오랜 원칙이다.

문학은 "사상이나 감정을 상상의 힘을 빌려 언어로 표현한 예술"이다.[***] 나는 언어로 된 인간의 자기표현 형식이 문학의 첫 번째 성격이고, 이 표현이 창조성을 띨 수도 있고 상상=꾸밈을 수반할 수도 있다고 생각한다.

역사와 철학, 문학 셋은 겹치는 부분이 있다. 철학에도 철학사가 있고, 역사에도 역사관이 있으며, 소설과 시에도 역사와 철학이 있고, 또 역사와 철학을 시로 쓸 수도 있다. 존재에 대한 질문도 시간 속에서 이루어지며, 경험의 흔적이든 존재에 대한 질문이든 언어로 표현되어야 하기 때문이다. 그렇다면 역사 서술에서 문학적 탁월성을 기대하는 것은 자연스러울 것이다.

---

[*] 유시민, 《역사의 역사》, 돌베개, 2018, 16쪽.
[**] 공자, 《논어》〈술이述而〉.
[***] 다음 국어사전, '문학'.

이제 다음과 같은 말로 작별 인사를 드려야겠다.

흔히 역사는 해석의 문제라고 말하는 분들이 있습니다. 걸핏하면 보기 나름이라고 말합니다. 부분적으로 맞습니다. 그러나 진정한 역사 공부는 거기서 끝이 아니라 시작한다고 생각합니다. 사실史實은 늘 구멍이 뚫려 있고, 사람의 눈은 다르다는 그 지점에서 말입니다. 사료를 비판적으로 검토하고 상황을 합리적으로 추론하여 공감할 수 있는 진실을 찾아 나가는 지루하고 재미있고 때로는 숭고한 여정, 그것이 역사 공부입니다. 그래서 역사 공부는 연대의 삶, 공감의 삶, 배려의 삶을 확장시키는 토대라고 굳게 믿습니다.[*]

갈등이 필요하다는 추악한 이야기가 있다. 인간은 갈등 없이는 살 수 없다는 것이다. …… 여기에는 함정이 있으며, 수상쩍은 이야기들이다. 악의는 필요치 않다. …… 선의와 상호 신뢰가 있다면, 탁자에 둘러앉아 해결할 수 없는 문제는 존재하지 않는다.[**]

---

[*] 오항녕, 〈나의 책을 말한다―《광해군, 그 위험한 거울》(너머북스, 2012)〉, 한국역사연구회 웹진, 2012년 10월.
[**] 프리모 레비, 이선영 옮김, 《가라앉은 자 구조된 자》, 돌베개, 2014, 248~249쪽.

• 참고문헌

《광해군일기光海君日記》

《논어論語》

《맹자孟子》

《사기史記》

《세종실록世宗實錄》

《예기禮記》

국립국어원, 《표준국어대사전》(https://stdict.korean.go.kr)

다음 백과(100.daum.net)

Oxford English Dictionary(http://www.oed.com)

진단학회, 《국사 교본》, 군정청 문교부, 1946.

신석호, 《중등학교 사회생활과 우리나라의 생활(국사 부분)》, 1948.

이병도, 《우리나라 생활》(중등 사회생활과), 동지사, 1950(4283검정).

샤프, 아담, 金澤賢 譯, 《歷史와 眞實》(1976), 靑史, 1982.

무어, 배링턴, 진덕규 옮김, 《독재와 민주주의의 사회적 기원》(1966), 까치, 1985.

베른하임, 에른스트, 박광순 옮김, 《역사학 입문》(1912), 범우사, 1985.

기하라 마사오木原正雄, 김석민 옮김, 《봉건사회의 기본법칙》, 아침, 1987.

헤겔, 게오르크 W. F., 김종호 옮김, 《역사철학 강의》, 삼성출판사, 1990.

보르헤스, 호르헤 루이스, 황병하 옮김, 《불한당들의 세계사》, 민음사, 1994.

헤로도토스, 박광순 옮김, 《역사》, 범우사, 1995·1996.

코젤렉, 라인하르트, 한철 옮김, 《지나간 미래》(1979), 문학동네, 1996.

카, 에드워드 H., 김택현 옮김, 《역사란 무엇인가》(1961), 까치, 1997.

에번스, 리처드, 이영석 옮김, 《역사학을 위한 변론》(1997), 소나무, 1998.

홉스봄, 에릭, 정도영·차명수 옮김, 《혁명의 시대》, 한길사, 1998.

스키너, 퀜틴, 〈동기, 의도, 해석〉, 제임스 탈리 엮음, 유종선 옮김, 《의미와 콘텍스트》, 아르케, 1999.

젠킨스, 키스, 최용찬 옮김, 《누구를 위한 역사인가 *Rethinking History*》(1991), 혜안, 1999.

탈리, 제임스 편, 유종선 옮김, 《의미와 콘텍스트》(1988), 아르케, 1999.

고등학교 《국사》 7차, 2002.

중학교 《국사》 7차, 2002.

홉스봄, 에릭, 강성호 옮김, 《역사론》(1997), 민음사, 2002.

벤느, 폴, 김현경·이상길 옮김, 《역사를 어떻게 쓰는가》(1996), 새물결, 2004.

슬레이터, 로렌, 조중열 옮김, 《스키너의 심리상자 열기》, 에코의서재, 2004.

전진성, 《역사가, 기억을 말하다》, 휴머니스트, 2005.

샥터, 대니얼, 박미자 옮김, 《기억의 일곱 가지 죄악》(2001), 한승, 2006.

아렌트, 한나, 김선욱 옮김, 《예루살렘의 아이히만》, 한길사, 2006.

레비, 프리모, 이현경 옮김, 《이것이 인간인가》, 돌베개, 2007.

마르크스, 카를, 김호균 옮김, 《정치경제학 비판 요강》, 그린비, 2007.

스피노자, 베네딕트 데, 강영계 옮김, 《에티카》, 서광사, 2007.

오항녕, 〈오항녕의 조선 시대 다르게 보기 (1)〉, 《역사교육》 76호, 2007.

진, 하워드, 유강은 옮김, 《미국민중사》 1, 이후, 2008.

한국기록학회, 《기록학 용어사전》, 역사비평사, 2008.

한국사학사학회, 《21세기 역사학 길잡이》, 경인문화사, 2008.

성균관대학교 동아시아학술원, 《정조어찰첩》, 성균관대학교출판부, 2009.

헤로도토스, 천병희 옮김, 《역사》, 도서출판 숲, 2009.

드로이젠, 요한 구스타프, 이상신 옮김, 《역사학Historik》(1937), 나남, 2010.

마리우스, 리처드·멜빈 E. 페이지, 남경태 옮김, 《역사 글쓰기, 어떻게 할 것인가》
(2010), 휴머니스트, 2010.

구하, 라나지트, 이광수 옮김, 《역사 없는 사람들》(2002), 삼천리, 2011.

마르크스, 카를, 김호균 옮김, 《정치경제학 비판을 위하여》, 중원문화, 2012.

만하임, 카를, 임석진 옮김, 《이데올로기와 유토피아》(1929), 김영사, 2012.

소쉬르, 페르디낭 드, 김현권 옮김, 《일반언어학 강의》, 지식을만드는지식, 2012.

송호근, 〈해제〉, 카를 만하임, 《이데올로기와 유토피아》, 김영사, 2012.

위고, 빅토르, 정기수 옮김, 《레미제라블》 2권, 민음사, 2012.

유지기, 오항녕 옮김, 《사통史通》(710), 역사비평사, 2012.

오항녕, 〈역사기록, 그 진실과 왜곡 사이 ⑩ 판 페르시 없는 맨유? 비역사적이다!〉,
《신동아》 2013년 1월호.

하위징아, 요한, 이광주 옮김, 《역사의 매력》(1942), 도서출판 길, 2013.

레비, 프리모, 이소영 옮김, 《가라앉은 자와 구조된 자》, 돌베개, 2014.

그루트, 제롬 드, 이윤정 옮김, 《역사를 소비하다―역사와 대중문화》(2009), 한울
아카데미, 2014.

이성임, 〈《溪巖日錄: 1603~1641》에 대한 자료적 검토〉, 《한국사학보》 57, 2014.

오항녕, 《유성룡인가, 정철인가―기축옥사의 기억과 당쟁론》, 너머북스, 2015.

위고, 빅토르, 고봉만 옮김, 《빅토르 위고의 워털루 전투》, 책세상, 2015.

장순휘張舜徽, 오항녕 옮김, 《역사문헌 교독법中國古代史籍校讀法》(1958), 한국고전
번역원, 2015.

오항녕, 《호모 히스토리쿠스》, 개마고원, 2016.

최성철, 《역사와 우연》, 도서출판 길, 2016.

오항녕, 〈광해군대 경제정책에 대한 교과서 서술〉, 《조선시대사학보》 83, 2017.

오항녕, 〈역사학과 기록학〉, 《기록학연구》 54, 2017.

오항녕, 〈왜 백성의 고통에 눈을 감는가─광해군 시대를 둘러싼 사실과 프레임〉, 《역사비평》 212, 2017.

오항녕, 《실록이란 무엇인가》, 역사비평사, 2018.

유시민, 《역사의 역사》, 돌베개, 2018.

오항녕, 〈'사이비 역사학'의 평범성에 대하여─역사학의 전문성을 위한 단상〉, 《역사학보》 241, 2019.

오항녕, 〈조선 광해군대 궁궐공사에 대한 이해와 서술〉, 《역사와현실》 114, 2019.

바튼, 키쓰·린다 렙스틱, 김진아 옮김, 《역사는 왜 가르쳐야 하는가》(2004), 역사비평사, 2017.

《고등학교 한국사》, 천재교육, 2020.

오항녕, 〈《사기》와 《역사》에 담긴 기록학의 기초〉, 《기록학연구》 65, 2020.

오항녕, 〈2020년 간행(2018년 교육과정) 중고등학교 역사교과서의 조선사 서술 검토〉, 《한국사학보》 80, 2020.

왓모어, 리처드, 이우창 옮김, 《지성사란 무엇인가》(2016), 오월의봄, 2020.

강지은, 이혜인 옮김, 《새로 쓰는 17세기 조선 유학사》(2017), 푸른역사, 2021.

김윤식, 〈기억과 묘사〉, 박완서, 《그 많던 싱아는 누가 다 먹었을까》, 웅진지식하우스, 2021.

박완서, 《그 많던 싱아는 누가 다 먹었을까》, 웅진지식하우스, 2021.

코젤렉, 라인하르트·크리스티안 마이어·오딜로 엥겔스·호르스트 귄터, 최호근 옮김, 《코젤렉의 개념사 사전 16─역사》(1982), 푸른역사, 2021.

張照侯, 《通鑑學》, 安徽人民出版社, 1957.

胡三省, 《통감석문변오通鑑釋文辨誤》.

Bloch, Marc, Peter Putnam trans., *The Historian's Craft: Reflections on the Nature and Uses of History and the Techniques and Methods of Those Who Write It*(New York, 1964).

Fischer, D. H., *Historians' Fallacies: Toward a Logic of Historical Thought*(New York: Harper and Row, 1970).

Zinn, Howard, *The Southern Mystique*(1964)(South End Press, 2002).

〈김용옥 교수 인터뷰〉, 《한국일보》 2015년 11월 16일. 검색일: 2015년 11월 16일.

〈한영우 인터뷰〉, 《경향신문》 2016년 2월 2일(인터넷판).

손동준, 〈교회 발 잇딴 가짜뉴스……코로나 확산 부추기나〉, 《아이굿뉴스》 2021년 2월 5일(http://www.igoodnews.net/news/articleView.html?idxno=65576). 검색일: 2021년 2월 6일.

〈북한군 김명국 "5·18 광주침투설은 내가 지어낸 것"〉, 《JTBC 뉴스룸》 2021년 5월 6일.

• 찾아보기

금요일엔 역사책 8

역사학 1교시, 사실과 해석

2024년 3월 10일 1판 1쇄 인쇄
2024년 3월 12일 1판 1쇄 발행

지은이   오항녕
기획   한국역사연구회
펴낸이   박혜숙
디자인   이보용
펴낸곳   도서출판 푸른역사
             우) 03044 서울시 종로구 자하문로8길 13
             전화: 02)720-8921(편집부) 02)720-8920(영업부)
             팩스: 02)720-9887
             전자우편: 2013history@naver.com
             등록: 1997년 2월 14일 제13-483호

ISBN 979-11-5612-272-2 04900
      979-11-5612-252-4 04900(세트)

· 잘못 만들어진 책은 교환해드립니다.